L'accord de Samoa entre l'UE et les États ACP

Négociations, portée, enjeux et perspectives

Olivier KENHAGO TAZO

L'accord de Samoa entre l'UE et les États ACP

Négociations, portée, enjeux et perspectives

Préface de Robert DUSSEY

Avant-propos de Daniel EVINA ABE'E

L'Harmattan
Cameroun

5-7, rue de l'Ecole-Polytechnique, 75005 Paris

http://www.editions-harmattan.fr

ISBN : 978-2-336-48241-5
EAN : 9782336482415

REMERCIEMENTS

Je tiens particulièrement à exprimer mes sincères remerciements et ma profonde gratitude à l'Ambassadeur extraordinaire et plénipotentiaire du Cameroun à Bruxelles, son Excellence Daniel EVINA ABE'E, qui a bien voulu très tôt, m'associer au processus de négociation de l'accord de Samoa et à tous les processus internes et externes à l'OEACP. Sans son expertise pointue sur la question, ses conseils avisés et permanents et sa relecture du manuscrit, ce livre n'aurait certainement jamais vu le jour.

Ma gratitude s'adresse à M. Aliou ABDOULLAHI, Coordonnateur de la Cellule d'Appui à l'Ordonnateur national du FED du Cameroun, pour ses observations avisées.

Mes remerciements vont également à S.E.M. Robert DUSSEY, ministre des Affaires étrangères de la République du Togo, avec qui nous avons eu de nombreux échanges pendant et après les négociations, et qui a accepté de préfacer ce livre.

Bruxelles, le 1er mai 2024

PRÉFACE

Au fur et à mesure qu'approchait l'échéance de l'accord de partenariat de Cotonou qui a régi jusqu'au 31 décembre 2023[1] les relations entre l'Union européenne et les 79 pays d'Afrique, des Caraïbes et du Pacifique, il s'est avéré nécessaire d'aller vers la conclusion d'un nouvel instrument juridique entre les parties. Le nouvel accord qui devrait être bâti sur les acquis du cadre de Cotonou est censé permettre aux pays de l'UE et de l'OEACP de relever les défis nouveaux communs qui les engagent tous dans un monde qui a connu beaucoup de mutations, en recomposition, diront d'autres. C'est donc tout naturellement que l'avenir du partenariat OEACP-EU après 2020 était devenu une question âprement débattue tant au sein des ACP et de l'UE que dans les milieux universitaires, les centres et institutions de recherche.

Les États ACP, quant à eux, avaient établi une vision complète et ambitieuse sur les perspectives, soutenues par le travail d'un groupe de personnalités éminentes. Plusieurs changements fondamentaux sont survenus au sein de l'UE et au niveau des États de l'OEACP depuis 1975 et 2000, correspondant respectivement au début des conventions de Lomé et à celui de l'accord de Cotonou. De même, le nouvel agenda mondial en matière de développement, les défis du changement climatique et les récentes évolutions intervenues en Afrique, dans les Caraïbes et le Pacifique exigeaient de nouvelles formes de coopération internationale et mettaient en évidence la nécessité d'une redéfinition et d'une redynamisation du partenariat. Une simple « adaptation de Cotonou » n'était clairement pas l'option à privilégier dans un monde en plein changement.

Lorsque nous adoptions le mandat de négociations de notre organisation en vue de l'accord post-Cotonou à Lomé au Togo en mai 2018, nous ne nous doutions pas que les négociations lancées avec la partie européenne le 28 septembre 2018 en marge de l'Assemblée

[1] L'accord de Cotonou qui devrait initialement arriver à terme en fin février 2020 a été finalement prolongé par les deux parties jusqu'à cette date.

générale des Nations Unies à New York seraient aussi laborieuses et parfois difficiles. En tant que négociateur en chef pour le compte des États ACP, j'ai mesuré l'importance des questions abordées, les méthodes et la volonté des parties de surmonter les écueils. Comme toute négociation, des écueils, il y en a eu, mais le sens de l'écoute et le pragmatisme ont permis de les transcender pour aller vers une nouvelle compréhension des enjeux et défis fondamentaux du partenariat.

L'essentiel et ce qui compte au final, c'est l'accord conclu. L'issue heureuse des processus de ce genre a souvent l'avantage d'adoucir les peines et les mauvais souvenirs puisque ce que l'on retient en dernière instance, c'est le résultat. La fin justifie donc les sacrifices. Il s'est agi d'un engagement pour nos pays, nos populations et les générations d'Africains, des Caraïbes et du Pacifique à venir. Les engagements que nous prenons aujourd'hui impactent la temporalité présente de nos peuples et leurs avenirs. Nous étions profondément conscients de cela.

Le nouvel accord, qui réunit plus de la moitié des membres des Nations Unies, issus de quatre continents, autour de priorités et d'intérêts communs, constitue la manifestation une fois encore de la capacité de la relation entre l'UE et les États d'Afrique, des Caraïbes et du Pacifique de se renouveler et s'adapter aux défis et contextes nouveaux. Se réinventer pour s'adapter aux nouveaux contextes afin de mieux faire face aux défis, voilà l'arrière-plan sur lequel nous avons bâti le nouvel accord.

Le processus de négociation de l'accord de Samoa et son contenu nous ont permis de nous rendre compte que, la raison d'être à l'origine du partenariat ACP-UE, telle qu'exprimée dans les accords de Yaoundé, les conventions de Lomé ainsi que dans l'accord de Cotonou de 2000, reste encore valable aujourd'hui. Ce partenariat joue encore un rôle essentiel dans les enjeux mondiaux, en particulier au moment où le monde fait face à la montée des nationalismes et des extrêmes : le multilatéralisme, qui occupe une place centrale dans le texte de l'accord, apparait ainsi comme une option politique majeure qui va structurer la relation dans les vingt prochaines années.

L'accord de Samoa a été signé dans un contexte international où le multilatéralisme est fortement perturbé. À une époque où le multilatéralisme est en danger, le fait qu'un si grand nombre de pays se mettent d'accord pour unir leurs forces face aux crises mondiales apporte une bouffée d'optimisme. La signature du nouvel accord nous permet de réaffirmer notre attachement au multilatéralisme et aux vertus de la coopération. Le monde a davantage besoin du multilatéralisme et de la coopération puisque nous avons des défis à la fois complexes et transnationaux à relever ensemble. Ce qui justifie le multilatéralisme et nous l'impose dans le monde actuel comme paradigme indépassable, c'est la nature complexe et globale des défis à affronter et les domaines stratégiques de coopération inscrits dans le socle commun du nouvel accord l'illustrent avec évidence. En réaffirmant la valeur du multilatéralisme, le nouvel accord permet aux ACP et à l'UE d'opposer à la logique de fragmentation du monde le sens du commun et de l'action concertée. Mais le multilatéralisme ne peut tenir ses promesses que s'il est réinventé dans la perspective d'une volonté de réforme assumée.

L'accord a également tenté de relever le défi de l'asymétrie dans la relation, en renforçant les bases du partenariat déjà présent dans le cadre de Cotonou. La vision portée par l'OEACP, celle d'aller au-delà de l'aide se concrétise un peu plus. Les partenaires ont pris leurs distances avec les anciens paradigmes et instruments qui liaient l'UE à la plupart de ces pays pour s'orienter vers des partenariats gagnant-gagnant plus en phase avec le monde actuel.

La régionalisation du partenariat, entamée avec l'accord de Cotonou, a connu un renforcement significatif dans le cadre du nouvel accord. La structure de l'accord, qui comporte un socle commun et trois protocoles régionaux, instaure ainsi une différenciation heureuse qui permettra une réelle prise en compte des spécificités de chaque région dans la phase de mise en œuvre. Il reste néanmoins à harmoniser le rôle des communautés économiques régionales et des organisations régionales, dans le cadre notamment du nouveau cadre institutionnel de mise en œuvre qui a également consacré plusieurs innovations. De même, il reste à réinventer les formes et les instruments d'une coopération beaucoup plus renforcée entre les trois composantes de l'OEACP, de sorte qu'elle ne demeure plus uniquement un espace de structuration de la relation avec l'Union européenne. Les relations de coopération intra-OEACP doivent gagner en dynamisme et en consistance.

L'accord de Samoa est l'occasion d'un véritable changement du partenariat OEACP-UE. Plus qu'une simple occasion de renouvellement d'un traité devenu caduc sous l'effet du temps, le nouvel accord offre l'occasion d'une refonte des relations Afrique-UE, Caraïbes-UE et Pacifique-UE. Les acteurs sauront accorder une plus grande place aux parties prenantes, dont la définition et la conception dans l'accord sont plus ambitieuses et traduisent la volonté des parties de s'ouvrir davantage aux entités non étatiques sans cependant abandonner leur souveraineté.

Bien évidemment, de nombreuses questions restent en suspens ; d'autres sujets, en raison d'écarts de compréhension et de « désaccords raisonnables[2] » entre les parties, ont été insuffisamment abordés. Certains désaccords entre les parties sont dits raisonnables puisqu'ils sont inévitables quand il s'agit de s'entendre par exemple sur des questions touchant les formes de vies, les droits sexuels et reproductifs, l'orientation et l'identité sexuelles. Il s'agit des divergences de fond qu'il faut comprendre et à base desquelles il faut avancer. L'humanité est une et plurielle. Comprendre cela évite de faire des accords de partenariat Nord-Sud, une occasion de domination culturelle. Le véritable accord est toujours obtenu sur fond de désaccord. La diversité du monde, pour reprendre les mots de Julien Freund, offre la « possibilité d'accord par les désaccords[3] ».

Il me plait de rappeler que comme dans tout processus de négociation internationale, l'accord de Samoa est le résultat d'un compromis négocié suivant une approche gagnant-gagnant. Il faut saluer la sagesse qui a prévalu dans le camp de l'OEACP qui a su maintenir son unité dans la diversité tout en saluant le bon état d'esprit de nos partenaires européens. La recherche du compromis, la volonté constante de prendre en considération les préoccupations de l'autre ont permis de convenir d'un texte qui satisfait les parties et ouvre de belles perspectives, même si le défi de la mise en œuvre reste entier. L'accord de Samoa sera, à terme, évalué à l'aune des retombées de sa mise en œuvre.

L'accord qui vient d'être signé reste pour l'heure, trop peu connu du grand public. Il mérite donc d'être vulgarisé et bien compris, tant en ce qui concerne le contexte de sa négociation, les prétentions de chaque partie, que les défis que doivent relever les acteurs chargés de sa mise en œuvre. Le livre que publie Olivier Tazo Kenhago, diplomate camerounais en poste à Bruxelles et témoin privilégié de l'ensemble du processus de négociation, participe de cette ambition. L'auteur a su

---

[2] Nous empruntons ici l'expression à John Rawls dans son ouvrage *Libéralisme politique*, Paris, PUF, 2006.
[3] Julien Freund, *L'essence du politique,* Paris, Sirey, 1986, p. 210.

rendre compte du contexte qui a présidé à l'adoption des mandats et directives de négociation des parties, en montrant son impact sur la conduite des négociations et le jeu des acteurs. Il situe bien les défis à relever dans la mise en œuvre dans une excellente approche pour la compréhension de ce texte complexe qui régira les relations entre l'UE et les États d'Afrique, des Caraïbes et du Pacifique pour les vingt prochaines années. /-

S.E. Prof. Robert DUSSEY

Ministre des Affaires étrangères, de l'Intégration régionale et des Togolais de l'extérieur,
Chef négociateur de l'OEACP

AVANT-PROPOS

L'Union européenne et l'Organisation des États d'Afrique, des Caraïbes et du Pacifique sont engagées dans une relation dynamique et multiforme qui s'est presque toujours ancrée dans un instrument juridique contraignant pour les parties, adossée à un instrument financier et soutenue par des institutions conjointes qui permettent le pilotage régulier du partenariat. Cette relation féconde se nourrit des évolutions et transformations de la scène internationale, mais aussi de l'évolution de ses différents acteurs.

Au regard des transformations de la scène internationale, il était devenu certain pour l'organisation ACP que son partenariat avec l'UE devait subir une importante rénovation. Cette prise de conscience s'est accompagnée d'une volonté politique de rénover l'organisation ACP elle-même, afin de l'amener non seulement à diversifier son partenariat, mais aussi à viser et atteindre son autonomie. Ces impératifs ont guidé l'action de l'organisation et des États membres qui se sont alors engagés dans un processus de transformations institutionnelles dont les résultats sont aujourd'hui palpables. Même si cette dynamique transformationnelle est appelée à se poursuivre, force est de constater que l'organisation disposait, en 2018, lors du lancement des négociations visant à conclure un nouvel instrument juridique, d'atouts suffisants pour défendre ses intérêts dans cette interaction qui s'annonçait riche.

Avec du recul, le texte signé à Samoa a tenu toutes ses promesses. Il est appelé à soutenir un partenariat dynamique, rénové et ouvert sur l'avenir. Les défis que les différentes parties sont appelées à surmonter sont nombreux. La substance de ce nouvel instrument juridique mérite d'être expliquée, divulguée, publiée. C'est tout l'intérêt du présent ouvrage écrit par un observateur averti qui a assisté de l'intérieur à toutes les phases des négociations et qui a souvent pris part à l'élaboration des positions de négociation des acteurs de l'OEACP.

L'auteur a réussi à mettre de côté un certain parti pris pour restituer l'esprit des négociations et identifier les nombreux défis auxquels la mise en œuvre du nouvel accord fera nécessairement face. Publié dans la foulée de la signature de l'accord, le livre fait ainsi office de pionnier et offre une belle grille de lecture et d'analyse de l'accord de Samoa.

S.E.M. Daniel EVINA ABE'E

Ambassadeur extraordinaire et plénipotentiaire du Cameroun auprès du royaume de Belgique et de l'Union européenne
Doyen du groupe des ambassadeurs OEACP

INTRODUCTION GÉNÉRALE

Le 15 novembre 2023 à Apia (Samoa), l'Union européenne et ses États membres, d'une part[4], et les États membres de l'Organisation d'Afrique, des Caraïbes et Pacifique d'autre part, ont signé « l'accord de partenariat entre l'Union européenne et ses États membres, d'une part, et les membres de l'Organisation des États d'Afrique, des Caraïbes et du Pacifique, d'autre part, dit « Accord de Samoa »5, qui remplace l'accord de Cotonou. La signature de cet instrument juridique qui entre provisoirement en vigueur le 1er janvier 2024 est l'aboutissement d'un long processus de négociation qui a duré plus de trois ans et dont le résultat accélère la rénovation du partenariat ACP-UE, qui est l'un des cadres de coopération juridiquement contraignants les plus anciens et les plus complets entre l'UE et des pays tiers. Il rassemble plus de 1,5 milliard de personnes réparties sur quatre continents.

Depuis les années 2000, de nouveaux défis tels que l'augmentation des flux migratoires, le changement climatique et le terrorisme ont pris une part importante dans les relations internationales, alors que le

[4] La définition de la partie européenne a donné lieu à des tractations en interne qui n'ont été tranchées qu'après le paraphe de l'accord intervenu le 15 avril 2021 à Bruxelles. Ce n'est qu'en septembre 2021 en effet, que l'UE notifie à l'OEACP l'accord convenu sur ce point entre le conseil et la commission. Même si les négociations avaient été conduites principalement par la commission, l'accord a été signé, pour la partie européenne, aussi bien par les États membres que par la Commission de l'UE.

[5] Réunis par visioconférence le 8 juillet 2021, les ministres OEACP ont adopté une résolution par laquelle ils ont marqué leur consentement à ce que le nouvel accord de partenariat soit dénommé « accord de Samoa ». Samoa, dont le plénipotentiaire à Bruxelles avait joué un rôle prépondérant dans les négociations de l'accord, avait très tôt exprimé son souhait d'accueillir la cérémonie de signature de cet accord. Le principal argument avancé reposait sur le fait que depuis le début du partenariat entre l'UE et les États ACP, tous les accords avaient été conclus en Afrique (Yaoundé, Lomé puis Cotonou), tandis que le texte fondateur de l'organisation avait été adopté dans un État des Caraïbes. La région pacifique apparaissait comme le parent pauvre des grands moments ayant marqué l'histoire de l'organisation. La décision relative à la dénomination de l'accord a été définitivement et conjointement adoptée lors de la 46e session du Conseil des ministres ACP-UE, à Samoa le 15 novembre 2023.

traitement commercial préférentiel de l'UE accordé aux pays ACP est devenu caduc. Dans le même temps, la montée en puissance économique et politique des pays à revenu intermédiaire a modifié les équilibres de la coopération au développement. L'UE a ainsi perdu une partie de son influence, car les pays d'Afrique, des Caraïbes et du Pacifique pouvaient désormais se tourner vers d'autres bailleurs de fonds. Dans le même temps, la construction européenne a connu d'importants changements, avec notamment des élargissements qui ont vu l'adhésion de nouveaux États membres n'ayant pas la même vision des relations avec les pays ACP, constitués principalement d'anciennes colonies. L'apparition de nouvelles problématiques comme la migration, le changement climatique, le renforcement du rôle du secteur privé dans les politiques de développement imposaient en outre une refondation du partenariat fondé sur des modèles dépassés. Il était donc impératif de redéfinir le partenariat et ses objectifs tout en fixant de nouvelles ambitions pour répondre aux nouveaux besoins et défis.

Les négociations ont débuté en septembre 2018 et ont été menées par une équipe de négociateurs agissant en vertu de leurs mandats de négociation respectifs, avec pour objectif de conclure le traité devant remplacer l'accord de partenariat de Cotonou qui devait expirer le 29 février 2020. L'accord de partenariat de Cotonou a été prorogé à plusieurs reprises par des mesures transitoires : d'abord, jusqu'au 31 décembre 2020, afin de permettre la finalisation des négociations ; ensuite, jusqu'au 30 décembre 2021, au 30 juin 2022, au 30 juin 2023, au 30 octobre 2023 et au 31 décembre 2023, afin de laisser suffisamment de temps pour mener à bien toutes les procédures nécessaires à la signature, la ratification et l'entrée en vigueur. Ces mesures transitoires permettaient aux effets juridiques de l'accord de Cotonou de rester en vigueur, en attendant la finalisation des négociations et l'entrée en vigueur de l'accord de Samoa.

Le processus de négociations et la signature de l'accord ont été difficiles, ce qui sous-entend que les enjeux sous-jacents à cet accord étaient à la fois internationaux, régionaux, globaux et même intraeuropéens. Jusqu'à la veille de la signature de l'accord à Samoa, des points de désaccord persistaient, notamment en ce qui concerne la possibilité pour les signataires d'émettre des réserves ou de faire des déclarations interprétatives. Ceci a amené certains États membres de l'OEACP à renoncer à signer l'accord[6].

Si des divergences entre les parties expliquent les retards constatés dans la finalisation des négociations, les différends au sein de l'UE, entre la commission et les États membres, entre la commission, les États membres et le parlement puis au sein même de la commission, expliquent le long atermoiement qui a retardé la signature. En effet, la Commission européenne a transmis au Conseil, l'accord négocié, traduit dans toutes les langues de l'UE, le 11 juin 2021. Cependant, les discussions entre les États membres de l'UE ont retardé cette décision, les principales réserves étant exprimées par la Hongrie qui n'a notifié sa volonté de signer l'accord paraphé qu'en avril 2023, après avoir reçu l'assurance qu'il y aurait un ajout à la décision du Conseil de l'UE, précisant que l'accord post-Cotonou n'a pas d'impact sur les compétences nationales dans les domaines de la migration et de l'éducation sexuelle[7]. Après la Hongrie, la Pologne avait à son tour refusé d'apposer sa signature pour protester contre la formulation du traité promouvant, selon elle, la non-discrimination, les droits des personnes LGBTIQ + et l'égalité des genres. Toutefois, des diplomates ont reconnu que la véritable motivation de la Pologne était de protester contre la décision de la Commission européenne de lever l'embargo que le Gouvernement avait imposé sur les céréales ukrainiennes.[8]

Même si les deux parties avaient préparé les négociations depuis la dernière révision de l'accord de Cotonou, de nombreux éléments imprévus ont rendu le processus particulièrement ardu, notamment en ce qui concerne les questions politiques qui ont, pour la plupart, été négociées au niveau politique et non au niveau technique comme les

---

[6] Lors de la signature à Samoa, quelques États membres de l'organisation des États d'Afrique, des Caraïbes et du Pacifique ont annoncé qu'ils ne signeraient pas l'accord. Plusieurs sont cependant revenus sur leurs déclarations.

[7] La décision du Conseil du 21 avril précise que la signature et l'application provisoire de l'accord sont sans préjudice de l'exercice par les États membres de leurs compétences nationales, en particulier dans les domaines de la coopération au développement, de l'éducation et de la migration conformément aux traités, et n'affectent pas les responsabilités des États membres conformément aux traités.

[8] Le 21 avril 2023, le Conseil a adopté la décision autorisant la signature, au nom de l'Union européenne, et l'application provisoire de l'accord de partenariat entre l'Union européenne et ses États membres, d'une part, et les membres de l'Organisation des États d'Afrique, des Caraïbes et du Pacifique, d'autre part. La décision précise les dispositions qui n'entreront pas en vigueur de manière provisoire.

autres domaines de coopération. Des éléments imprévus ont également influencé le cours des négociations, notamment le Brexit, les changements d'équipes au sein de l'UE, la « querelle » sur l'institution devant conduire les négociations, la pandémie de covid-19 et la crise ukrainienne. De nombreux observateurs estiment toutefois qu'au regard du nombre des acteurs, de l'importance des questions abordées, des restrictions liées à la pandémie de covid-19, la durée des négociations est plutôt acceptable. La Pologne lèvera ses réserves le 20 juillet 2023, ouvrant ainsi la voie à la signature de l'accord.

L'accord de Samoa est le fruit d'un habile consensus qui a vu les deux parties faire des concessions afin de parvenir, à chaque fois, à des formulations acceptables par tous. Même s'il se fonde sur l'héritage de l'accord de Cotonou, il présente de nombreuses innovations qui font croire qu'il instaure un véritable changement de paradigme dans la coopération entre l'UE, les pays ACP et même l'organisation des États ACP. Les principaux piliers de la coopération ont fondamentalement changé et les préférences qui avaient jusque-là structuré le partenariat sont désormais caduques. Il marque la prééminence du politique sur la coopération au développement et met fin au financement préférentiel de la coopération.

Le changement d'orientation s'observe dans les objectifs du traité. Là où l'accord de Cotonou visait à « promouvoir le développement des États ACP » et lutter contre la pauvreté, le nouvel accord vise à « établir un partenariat politique renforcé ». Lorsqu'il s'agit de préciser les objectifs du nouveau partenariat, le développement humain et en particulier l'éradication de la pauvreté, viennent en quatrième position, après les droits de l'homme et la démocratie, la paix et la sécurité et l'investissement et la croissance.

Le partenariat est donc le nouveau leitmotiv et le « dialogue de partenariat » a remplacé le « dialogue politique ». Pour montrer que l'UE et les ACP sont des partenaires égaux, la plupart des dispositions de l'accord sont rédigées de manière symétrique. Même sur des sujets tels que la cohérence des politiques pour le développement ou le financement du développement, les deux parties s'engagent ensemble, alors que par le passé, l'UE s'engageait seule à soutenir les efforts des pays ACP. Le concept de « véritable partenariat » apparait dans le socle commun et au début des protocoles régionaux, assorti de qualifications ambitieuses telles que l'égalité des partenaires, la réciprocité, le respect et la responsabilité mutuels, la propriété partagée. Il n'y a que deux sujets où les engagements de l'UE diffèrent de ceux des ACP : la réadmission des migrants illégaux et la mobilisation de l'aide au développement.

Le partenariat est devenu de plus en plus politique. Les aspects relatifs au commerce et à l'aide au développement, prééminents dans l'accord de Cotonou, ont perdu beaucoup de poids et se sont progressivement déplacés vers les parties techniques de l'accord. D'ailleurs, au cours des négociations, les questions les plus épineuses ont toutes été de nature politique : migration, santé de la reproduction, institutions de mise en œuvre, clause de non-exécution… Si l'accord de Cotonou avait déjà prévu la régionalisation du partenariat, la tendance s'accélère avec l'accord de Samoa qui comprend un socle commun et trois protocoles régionaux (Afrique, Caraïbes et Pacifique). Très clairement, le centre de gravité du partenariat s'est déplacé vers les régions.

Au plan institutionnel, le changement est tout aussi frappant. L'on note une diversification institutionnelle avec une réelle autonomie des institutions régionales. De même, le rôle des acteurs non gouvernementaux est clairement accru, la dimension parlementaire est renforcée dans un compromis de dernière minute. L'engagement des parties prenantes est garanti, suivant un mécanisme à déterminer. Le changement de paradigme le plus frappant concerne le financement du partenariat. Alors que jusque-là un protocole financier garantissait des ressources dédiées au partenariat, lesquelles étaient matérialisées par le Fonds européen de Développement, l'accord de Samoa n'a pas prévu d'instrument de financement spécifique. Le partenariat sera financé par l'Instrument de Voisinage, de Coopération au Développement et de Coopération internationale (IVCDCI – Europe dans le monde) qui, s'il se fonde sur le principe de la « géographisation », met fin au « traitement de faveur » dont les États ACP avaient bénéficié jusque-là. Ceci marque la fin de l'externalisation des piliers de la coopération UE-ACP tels que constitués depuis l'accord de Yaoundé en passant par les conventions des Lomé. Une place prépondérante est également accordée à la possibilité de conclure des accords bilatéraux complémentaires en matière d'investissement par exemple, outre le recours au mixage don et garantie, ce qui ouvre grandement la porte aux banques de développement.

Au regard de l'externalisation des piliers de la coopération, l'accord n'est plus le seul instrument pertinent qui encadre et régit la relation entre l'UE et les États OEACP. La relation commerciale est désormais régie par les APE et d'autres régimes commerciaux, le financement est régi par un instrument unilatéral européen, l'IVCDCI. Mais en même temps que les piliers ont été externalisés, le champ d'application de la coopération n'a cessé de s'élargir et de se diversifier, avec l'inclusion des thématiques comme le numérique, la cybercriminalité, les financements innovants.

L'accord entrera en vigueur moyennant sa ratification par l'UE et tous les États membres et au moins deux tiers des États OEACP. Il est cependant provisoirement entré en vigueur le 1er janvier 2024. Tout laisse croire que les contraintes observées lors de la phase de signature réapparaitront dans le processus de ratification tant par les États membres de l'UE que ceux de l'OEACP. En effet, du côté OEACP également, l'unanimité de façade cache d'importantes divergences dont la manifestation la plus visible est la décision de la République sud-africaine de se retirer de l'OEACP. C'est sans doute pour contourner la difficulté de la ratification par tous les États membres de l'UE que l'accord a prévu une mise en œuvre provisoire, qui ne concerne cependant que certaines dispositions de l'accord ; d'où le risque d'une mise en œuvre sélective.

L'accord de Samoa, contrairement aux précédents traités qui ont lié l'UE et les États ACP, n'est donc pas un pacte de moyens, mais un partenariat d'objectifs. Si, comme on le verra dans ce livre, plusieurs questions d'importance restent en suspens, cet accord, certes imparfait, marque un point d'équilibre entre les parties. Il est la preuve du caractère dynamique de la coopération UE-ACP, au regard de sa souplesse, de son adaptabilité et de sa capacité à se reproduire en se rénovant.

Ce livre a voulu situer les négociations de l'accord post-Cotonou, dit accord de Samoa dans leur contexte, en montrant comment les parties, telles de véritables armées, ont préparé leurs troupes. Il s'intéresse aux processus périphériques qui ont fortement influencé les négociations et met en évidence la volonté constante de la partie ACP de ne pas perdre son unité et sa cohérence dans sa diversité. Ces négociations particulièrement longues, qui ont impliqué plus de cent acteurs gouvernementaux, plusieurs organisations intergouvernementales aux contours et à l'importance très variées, des dizaines d'acteurs non gouvernementaux, montrent à quel point les négociations sont loin d'être un processus prévisible, comment des faits inattendus peuvent en perturber le cours et comment chaque acteur mobilise ses forces pour influencer le cours des évènements. Cet ouvrage comporte cinq parties.

La première présente l'état de la coopération entre l'Organisation des États d'Afrique, des Caraïbes et du Pacifique et l'Union européenne. Elle situe cette relation dans le temps, avec les différentes transformations majeures qui l'ont marquée.

La seconde revient sur le contexte ayant précédé les négociations elles-mêmes. Elle analyse et explique la préparation de chaque partie, expose le rôle des acteurs qui ont essayé de modifier les positions de négociation déjà pressenties.

Ceci permet de mieux comprendre le déroulement et la conduite des négociations, objet de la troisième partie de ce livre, qui détaille les principales phases de négociations qui étaient censées durer quelques mois, mais qui, en fin de compte, ont pris plusieurs années ; les négociations se poursuivant même après le paraphe de l'accord.

Le contenu de l'accord et l'analyse de ses ruptures et nécessaires continuités font l'objet de la quatrième partie.

La cinquième et dernière partie de cet ouvrage revient sur les nombreuses questions restées en suspens et surtout présente les défis auxquels devront faire face les partenaires dans les prochaines années.

Je suis conscient que l'analyse que j'ai faite du contenu de l'accord reste sommaire, tant sa richesse ne peut être restituée dans un tel ouvrage qui se veut introductif à d'autres initiatives plus poussées sur les différents aspects et domaines touchés par le texte. Toutefois, en faisant l'économie des ruptures et des continuités qu'il recèle, le livre permet d'évaluer ce compromis qui est la preuve même que la relation entre l'UE et les ACP est dynamique, féconde, résiliente et sait s'adapter à son temps.

PARTIE 1 :

L'ÉTAT DE LA COOPÉRATION ENTRE L'UE ET LES ACP DANS LE CONTEXTE DE L'ACCORD DE COTONOU

Chapitre 1 :

Le contexte historique de la relation ACP-UE

La coopération UE-ACP trouve son origine dans les dispositions du traité de Rome instituant la Communauté économique européenne (CEE). En effet, elle prend forme avec la naissance de l'Europe en tant qu'entité régionale. Son évolution chronologique se matérialise à travers des grandes phases ancrées tour à tour dans les conventions de Yaoundé, de Lomé puis dans l'accord de Cotonou.

- **Du traité de Rome au traité de Maastricht : le fondement de la relation UE-ACP dans les traités européens**

La question des relations entre la future CEE et les colonies de leurs États membres n'a été abordée qu'au tout dernier stade des négociations sur le projet de traité CEE. À l'époque, toute l'attention était focalisée sur les dimensions internes de la CEE envisagée. Sous la forte pression de la France soutenue par la Belgique, un accord d'association a été inclus pour les colonies des États membres de la CEE. De plus, des références superficielles ont été faites aux pays d'outre-mer dans le préambule du traité CEE et son article 3(k), confirmant la solidarité qui lie l'Europe et les pays d'outre-mer et exprimant l'intention de promouvoir conjointement le développement économique et social. Ces dispositions du traité de Rome sont donc clairement enracinées dans les relations coloniales, le but de l'association étant de promouvoir le développement économique et social des pays et territoires d'outre-mer et d'établir des relations économiques étroites entre la Communauté dans son ensemble et eux. Dès le début, le régime d'association a été soutenu par la création du Fonds européen de développement (FED), alors principalement consacré à des projets d'infrastructures économiques et sociales.

Il ne fait guère de doute que l'ensemble du régime d'association était censé jouer un rôle déterminant dans le maintien des liens coloniaux et des avantages économiques qui en découlaient. L'indépendance acquise des États africains va donc rapidement rendre caduc ce modèle de coopération.

Une réponse rapide a été la conclusion de l'accord de Yaoundé en 1963 entre la CEE et 18 États africains indépendants, presque tous d'anciens associés de la France. Cet accord prévoyait une part importante de l'aide financée par le FED aux pays d'Afrique francophone récemment indépendants, en vue de soutenir les efforts de construction des infrastructures à la suite de la décolonisation. Sans conteste, les accords de Yaoundé ont jeté les bases de la nouvelle génération des accords de Lomé qui prennent le relai dès 1975. La conclusion de l'accord de Lomé en 1975, entre les neuf États membres de la CEE élargie, que viennent de rejoindre la Grande-Bretagne et pas moins de 46 États ACP en développement, va donc remplacer à la fois la convention de Yaoundé et la convention d'Arusha. La communauté européenne de l'époque, nouvellement élargie à la Grande-Bretagne, avait en effet proposé aux pays du Commonwealth de négocier avec elle des accords de coopération comme ceux qui la liaient déjà à 18 États africains et malgaches. Le résultat, c'est la première convention de Lomé qui établit un partenariat Nord-Sud unique au monde entre l'Europe et des pays en développement, anciennes colonies francophones et anglophones, répartis sur trois continents.

L'accord de Lomé (1975-2000) différait considérablement des précédents accords d'association et reflétait les nouvelles tendances de la coopération internationale pour le développement telles que le principe de non-réciprocité et le système CNUCED / GATT pour un système général de préférences. En outre, il a introduit un système de stabilisation des recettes d'exportation (STABEX) qui garantissait aux États ACP un certain niveau de revenus provenant de la production et de l'exportation de produits primaires (principalement agricoles) en les protégeant des fluctuations de prix. Il prévoyait également un traitement préférentiel supplémentaire pour certaines sous-catégories d'États ACP, y compris les États ACP les moins avancés, sans littoral ou insulaires. Il soulignait en outre la nécessité de renforcer les économies des États ACP par la diversification, l'industrialisation, le renforcement des infrastructures économiques et sociales, le développement rural et la coopération intrarégionale avec d'autres États ACP. Ses modifications successives – cinq au total – lui ont permis de s'adapter à son époque.

Il est à noter que l'évolution de l'accord de Lomé et d'autres formes de coopération entre la Communauté européenne et les pays en développement non ACP se sont déroulées sans un ancrage clair avec le droit de la Communauté européenne. Après l'indépendance des pays et territoires d'outre-mer, l'article 131 du traité de Rome ne pouvait plus servir de base juridique au régime de l'association, car il n'envisageait pas une relation entre des États souverains.

Le traité instituant la CE permettra plus tard la conclusion d'accords entre la Communauté et des États tiers ou des organisations internationales, en établissant une association comportant des droits et obligations réciproques, une action commune et des procédures spéciales. L'élément de réciprocité faisait largement défaut. Pour nombre d'observateurs, c'est en partie pour cette raison que les conventions successives de Lomé et même l'accord de Cotonou ont toujours été conclus en tant qu'accords mixtes. Cela signifie que du côté européen, ces conventions devaient être signées et ratifiées à la fois par la Communauté (depuis Lomé III, représentée par le conseil et la commission, auparavant par le conseil uniquement) et par tous les États membres de la CE. Comme on le verra plus tard dans ce livre, la question de la nature de l'accord de Samoa sera un point bloquant même après le paraphe de l'accord. Il a en effet fallu du temps pour que les Européens conviennent qu'il s'agira encore d'un accord mixte.

- **Combler le vide constitutionnel grâce au traité de Maastricht**

Les traités européens successifs, jusqu'à Maastricht, ne comportaient pas une base juridique suffisante, conférant à la communauté une compétence dans le domaine de la coopération au développement, bien qu'elle fût déjà contenue et soulignée dans des déclarations, résolutions et mémorandums. Le vide juridique ne sera comblé qu'avec le traité de Maastricht en 1992. En son article 3, le traité prévoit « une politique dans le domaine de la coopération au développement ». L'article 6 fait référence à l'objectif du « développement durable » en stipulant l'intégration des exigences de protection de l'environnement dans toutes les politiques et activités communautaires « en vue de promouvoir le développement durable ». Ce dernier est également érigé en objectif général de l'UE.

L'innovation la plus importante du traité de Maastricht a été l'insertion d'un nouveau titre complet sur la coopération au développement, juste avant l'association des pays et territoires d'outre-mer. L'objectif est notamment de promouvoir le développement durable, l'intégration des pays en développement dans l'économie mondiale, l'élimination de la pauvreté, la démocratie et l'état de droit et le respect des droits de l'homme. Cette liste reflète les principales tendances de la coopération internationale au développement contemporain. L'on notera que s'il existait un alignement de l'accord de Cotonou sur cet objectif principal conféré à la coopération au développement par le traité de Maastricht, l'accord de Samoa marque un véritable tournant, car la lutte contre la pauvreté n'est plus considérée comme l'objectif majeur de la coopération entre l'UE et les États ACP.

Cette tendance entamée dans le traité de Maastricht sera précisée dans le traité de Lisbonne qui entre en vigueur le 1er décembre 2009 et dans lequel plusieurs buts et objectifs généraux et spécifiques de la coopération au développement ont été ajoutés. Selon l'article 3 du traité sur le fonctionnement de l'UE, celle-ci poursuit les buts et objectifs ci-après dans sa politique de développement :

- la paix et la sécurité ;
- le développement durable ;
- la solidarité et le respect mutuel entre les peuples ;
- le commerce libre et équitable ;
- l'éradication de la pauvreté ;
- la protection des droits de l'homme.

Pour la mise en œuvre de la coopération au développement, ce traité exprime le principe de « complémentarité » en prévoyant que la politique communautaire de coopération au développement est complémentaire des politiques menées par les États membres ; elles se renforcent mutuellement. C'est dire que selon les traités européens, la coopération au développement est toujours une compétence partagée entre l'Union et les États membres[9]. Du reste, l'on pourrait affirmer que la politique communautaire est subordonnée aux politiques des États membres. Ceci serait conforme au principe de subsidiarité approuvé par l'article 5 du traité FUE. Une interprétation serait que les États membres

[9] Voir article 208 du traité FUE.

et l'Union partagent des compétences dans ce domaine qui peuvent être exercées les unes à côté des autres[10].

Il est à noter que parmi les objectifs de la coopération au développement ci-dessus mentionnés, tels qu'énumérés à l'article 21 du Traité FUE, seul celui relatif à la réduction et, à long terme, l'éradication de la pauvreté est repris à l'article 208. Ceci laisse croire que la lutte contre la pauvreté est la priorité absolue de la coopération au développement de l'UE. L'article 208 reflète également le principe fondamental de cohérence en stipulant que l'Union « tient compte des objectifs de la coopération au développement dans les politiques qu'elle met en œuvre et qui sont susceptibles d'affecter les pays en développement ».

L'accord de partenariat ACP-UE Cotonou pour la période 2000-2020

L'accord de Cotonou, conclu le 23 juin 2000, représente une rupture significative avec le passé. Ses objectifs ont été formulés de manière plus spécifique et plus détaillée que ceux des précédentes conventions. Il s'en distingue par son objectif central et spécifique qui est « de réduire et, à terme, d'éradiquer la pauvreté conformément aux objectifs de développement durable et d'intégration progressive des pays ACP dans l'économie mondiale ». Cela est pleinement conforme aussi bien au traité de Maastricht (article 177) qu'au traité sur le fonctionnement de l'UE (article 21). En outre, le développement des États ACP doit être poursuivi « en vue de contribuer à la paix et à la sécurité et de promouvoir un environnement politique stable et démocratique ». Cette évolution reflète la prise de conscience accrue au cours des années 90 de la relation étroite entre développement et paix.

Un autre changement majeur est le deuxième principe fondamental énoncé à l'article 2 de l'accord de Cotonou, celui de la participation du

---

[10] Tel était également le constat de la Cour de justice européenne dans l'affaire C-268/94 République portugaise / Conseil de l'Union européenne concernant le contexte, certes quelque peu spécifique, de l'accord de coopération entre la CE et l'Inde. En l'espèce, la Cour a conclu qu'il ressort du titre XVII que : « D'une part, la Communauté a une compétence spécifique pour conclure des accords avec des pays tiers dans le domaine de la coopération au développement et, d'autre part, cette compétence n'est pas exclusive, mais complémentaire entre la politique de coopération au développement de la Communauté et les politiques des États membres. »

public. Cela comprend l'ouverture du partenariat aux acteurs non gouvernementaux tels que les organisations de la société civile. Outre les « éléments essentiels » de la coopération ACP-CE précédemment connus, à savoir le « respect des droits de l'homme, des principes démocratiques et de l'État de droit », l'accord de Cotonou introduit une autre nouvelle catégorie juridique de principes importants qui sous-tendent le partenariat. Il s'agit de « l'élément fondamental » qu'est la bonne gouvernance, défini pour la première fois dans un traité comme « la gestion transparente et responsable des ressources humaines, naturelles, économiques et financières aux fins d'un développement équitable et durable ». Les cas graves de corruption peuvent donner lieu à des « mesures appropriées » qui peuvent – selon la gravité de la situation – équivaloir à une suspension partielle ou totale de l'accord de partenariat.

Plus forte que dans les conventions de Lomé, la conditionnalité politique est entrée dans le partenariat ACP-UE dans les domaines de la démocratie, des droits de l'homme, de l'état de droit et de la bonne gouvernance. Outre sa forte concentration sur la réduction de la pauvreté, son accent sur la participation des acteurs non étatiques et sa conditionnalité politique accrue, la grande nouveauté de l'accord de Cotonou est son identification des questions de genre, la protection de l'environnement, l'utilisation et la gestion durables des ressources naturelles et le développement et le renforcement des capacités en tant que questions transversales pour toutes les stratégies de coopération au développement élaborées dans le cadre de l'accord de partenariat ACP-UE.

Comme prévu, l'accord de partenariat de Cotonou a été soumis à un réexamen en 2005 et 2010. Cela a abouti à divers amendements et à un nouveau protocole financier. Diverses nouvelles dispositions ont été ajoutées dans les domaines du dialogue politique, de la transparence, du financement, du renforcement de la responsabilité sociale et de la sécurité, de la migration.

Chapitre 2 :

L'élargissement du champ et l'externalisation de la coopération UE-ACP en dehors du cadre de Cotonou

Le cadre UE-ACP, dès l'origine, avait été conçu comme un système total au sein duquel était traitée toute la coopération entre l'UE et les pays ACP. De Yaoundé à Cotonou, les domaines de la coopération n'ont cessé de croître, la légitimité du cadre étant incontestable, de sorte qu'il est exact de dire que ce cadre a monopolisé la coopération dans différents domaines.

Entre-temps, la scène internationale a connu d'importants changements qui reflétaient à la fois les transformations structurelles de l'économie internationale liées à la globalisation, l'érosion de la souveraineté des États, la prolifération de dynamiques transnationales, l'intensification de regroupements internationaux et l'avènement de normes de gouvernance post-westphaliennes.[11] Ces transformations ont donné le coup d'envoi à une modification en profondeur du cadre de Cotonou, qui était lui aussi, comme on l'a vu dans la section précédente, le fruit de transformations de l'ordre politique international. Elles auront d'importantes conséquences sur l'orientation et les cadres de la coopération entre l'UE et les ACP, dont l'une est l'externalisation des cadres de coopération.

Ainsi, depuis la signature de l'accord de Cotonou en 2000, plusieurs piliers essentiels de la coopération entre l'UE et les États ACP ont été « externalisés ». Par externalisation, nous entendons le processus par lequel les piliers du cadre initial de l'accord de Cotonou, pour lesquels des

[11] Olivier Nay et Franck Petiteville offrent une analyse de ces mutations qui affectent en fait toutes les organisations intergouvernementales. Lire « Éléments pour une sociologie du changement dans les organisations internationales », Presses de Sciences Po « Critique internationale » 2011/4 n° 53 | pages 9 à 20.

procédures détaillées[12] ont été définies dans les annexes, lui ont été progressivement retirés et sont désormais conçus à travers d'autres cadres. L'externalisation s'est successivement illustrée dans le cas de la coopération politique, du commerce et des piliers de l'aide.[13] Cette externalisation progressive se justifiait par le constat selon lequel l'accord de Cotonou n'était plus en mesure d'encadrer certains aspects de la relation entre l'UE et les ACP, comme l'a établi l'analyse d'impact faite par la Commission européenne en 2016[14]. Ce document établissait que l'accord de Cotonou, qui n'avait pas de diversification régionale, engendrait de nombreuses incohérences avec le respect des différentes priorités et objectifs régionaux définis par l'UE en Afrique, dans les Caraïbes et dans le Pacifique.

Du coup, la stratégie conjointe Afrique-UE adoptée en 2007, qui accorde une importance significative aux aspects politiques (notamment la paix et la sécurité, les migrations) et au développement durable, marque une première volonté de conduire dans un cadre distinct la relation privilégiée que l'UE veut avoir avec l'Afrique. Après son adoption en 2007, la stratégie conjointe est devenue le nouveau cadre politique global des relations UE-Afrique, évoluant en parallèle avec le système de Cotonou qui avait cependant l'avantage de se fonder sur un instrument juridique contraignant, alors que la stratégie n'est qu'un document politique dont le financement dépend des dispositions de l'accord de Cotonou.

En plus de la stratégie conjointe UA/UE, deux autres stratégies et programmes sont envisagés en complément du protocole africain. Le premier est l'agenda 2063 de l'Union africaine, l'équivalent de l'agenda 2030 de l'UE, caractérisé par des objectifs larges et incitatifs. La seconde est l'alliance Afrique-Europe pour l'investissement et l'emploi durables qui a été adoptée en 2018. L'alliance est avant tout un partenariat qui vise à créer des emplois pour le développement et à réduire les migrations. Avant même l'ouverture des négociations en vue de la conclusion de l'accord post-Cotonou, il était évident pour l'UE qu'il fallait intégrer la stratégie conjointe avec l'Afrique dans le futur accord afin d'éviter les

---

[12] Medinilla and Bossuyt, op. cit., p. 4. 80 Medinilla and Bossuyt, *op. cit.*, p. 2. 20.

[13] Voir l'analyse qu'en fait Gauthier Schefer in *Post-Cotonou and the EU-African relationship A green light for a renewed cooperation?* Bruges Political Research Papers / Cahiers de recherche politique de Bruges No 77 / November 2019.

[14] 81 European Commission, Joint staff working document. Impact assessment, *op. cit.*, p. 26.

incohérences. Cette prise de conscience était une reconnaissance que « l'accord politique » qu'est Cotonou était progressivement remplacé et externalisé.

- **L'autonomie progressive des accords de partenariat économique**

Un autre élément important qui a été partiellement externalisé est le pilier commercial de Cotonou à travers, en particulier, les Accords de Partenariat économique (APE) avec différentes régions des ACP. En réponse à la création de l'Organisation mondiale du Commerce (OMC) en 1995, à de sévères critiques d'autres pays industrialisés et à une évaluation très critique par l'UE elle-même de l'efficacité des préférences commerciales issues du système de Lomé, l'UE a décidé de démanteler progressivement le traitement préférentiel et non réciproque spécial dans le commerce international pour tous les pays ACP dans leur ensemble. Les APE devaient être conclus avec des régions spécifiques pour être mis en place au 1er janvier 2008.

Pour les pays les moins avancés dont beaucoup appartiennent au groupe ACP, une initiative spéciale *Tout sauf les armes* (TSA) a été mise en place, qui offre à cette catégorie particulière de pays un accès en franchise pour toutes les exportations vers l'UE, à l'exception des armes et munitions. Des exceptions temporaires ont également été ajoutées pour les bananes fraîches, le coton, le riz et le sucre. La négociation et les conclusions des APE ont suscité des sentiments amers chez de nombreux pays ACP quant à leur relation particulière avec l'UE. Il se peut bien que ces accords n'aient pas seulement marqué l'érosion de la position traditionnelle des pays ACP en tant que partenaires privilégiés, mais aussi du lien spécial entre les ACP et l'UE, sinon de l'existence du groupe ACP en tant que tel.[15]

Aujourd'hui, les APE sont à des stades d'avancement très différents. Il existe actuellement sept APE, dont cinq sont appliqués à titre provisoire[16]. Deux d'entre eux sont des accords bilatéraux, appliqués à

---

[15] Voir à ce sujet Raymond Ebale, *Comprendre les accords de partenariat économique entre l'UE et les pays ACP*, L'Harmattan, 2015.

[16] Axés sur le commerce et le développement, les accords de partenariat économique ont été négociés entre l'Union européenne (UE) et les pays concernés de l'Organisation des États d'Afrique, des Caraïbes et du Pacifique (OEACP). À l'heure actuelle, il existe sept (7) accords de partenariat économique qui font actuellement

titre provisoire. En théorie, les APE sont des accords autonomes et n'exigeraient pas l'existence de Cotonou. Cependant, cinq d'entre eux ont en fait besoin du cadre de Cotonou, notamment pour les clauses environnementales. Dans les APE intérimaires et provisoires, un système de références croisées est établi avec l'accord de Cotonou pour s'assurer qu'ils peuvent se conformer aux normes relatives aux droits de l'homme, au travail et à l'environnement jusqu'à ce qu'ils deviennent des accords complets. Dans les APE de l'Afrique de l'Ouest et de la Communauté de l'Afrique de l'Est, le développement durable (qui couvre l'environnement) fait partie d'une clause de « rendez-vous ». Cela signifie que l'accord commercial devra s'appuyer sur l'accord de Cotonou et donc l'accord de Samoa, jusqu'à ce qu'il soit signé par toutes les parties, qu'il reçoive l'approbation du parlement européen et qu'il soit ensuite ratifié par toutes les parties. Les APE bilatéraux (Côte d'Ivoire, Cameroun, Ghana) contiennent tous un article 80 (article 106 de l'APE du Cameroun) « Relation avec d'autres accords » indiquant la prévalence de Cotonou sur l'APE en cas d'incohérence.

En l'état, les APE vont être intégrés dans l'accord de Samoa de la même manière qu'ils l'ont été à l'accord de Cotonou. L'accord successeur fournit une mise à jour en incluant des références aux développements les plus récents en matière d'intégration climatique et environnementale telle que l'accord de Paris. Cependant, le développement du paradigme de l'UE en matière de politique commerciale rend peu probable le fait que la référence à l'accord de Samoa soit toujours requise pour les normes environnementales alors qu'elle a changé de paradigme en introduisant des chapitres sur le commerce et le développement durable (TSD) dans ses accords commerciaux. Ces chapitres se concentrent sur les dispositions relatives au travail et à l'environnement et insistent fortement sur l'engagement envers les accords multilatéraux sur l'environnement.

---

l'objet d'une application à titre provisoire dans trente-deux (32) des soixante-dix-neuf (79) pays membres de l'OEACP. Il s'agit notamment de quatorze (14) pays dans les Caraïbes, de quatorze (14) autres en Afrique et de quatre (4) dans le Pacifique. D'autres pays, au nombre de vingt-et-un (21), ont conclu des négociations d'APE au niveau régional qui attendent toutefois d'être signés et mis en œuvre. D'autres pays membres de l'OEACP, pour la plupart des PMA, commercent avec l'Union européenne au titre du système généralisé de préférences (SGP), principalement dans le cadre de l'initiative *Tout sauf les armes* (TSA).

- **L'externalisation du financement du partenariat**

Historiquement, la relation « spéciale » qui distinguait les pays du groupe ACP des autres pays en développement était ancrée dans l'aide au développement fournie par un instrument sur mesure : le Fonds européen de Développement (FED) qui était l'un des principaux instruments de financement géographique. Une caractéristique importante du FED est qu'il s'agissait d'un fonds de développement en dehors du budget de l'UE, financé directement par les contributions des États membres. Sa base juridique et son budget de fonctionnement étaient définis directement dans l'accord de Cotonou dont le protocole financier en fixait le montant.

Cependant, au fil des années, le statut particulier du fonds a été remis en question par les nouveaux fonds thématiques qui reflétaient la coopération UE et ACP dans les domaines du changement climatique, de la lutte contre l'immigration clandestine, de la paix et de la sécurité et bien d'autres. La création des Biens et Défis publics mondiaux en 2014 est le reflet de cette dynamique et l'Alliance mondiale contre le changement climatique (AMCC) créée en 2007 fut une autre manifestation d'une action externalisée qui exclut de facto le FED comme cadre le plus pertinent pour l'action environnementale.

Même si le FED a toujours coexisté avec des instruments de financement prévus dans le budget de l'UE, la tendance à la budgétisation du financement de l'action extérieure et le recours aux fonds fiduciaires vont en quelque sorte remettre en cause son rôle privilégié. Au cours du Cadre financier pluriannuel 2014-2020, des évènements inattendus tels que la crise migratoire ont conduit à la création de fonds fiduciaires de l'UE, en partie en raison du sous-financement structurel du budget de l'UE et du manque de possibilités de financer des besoins imprévus, en dépit de l'existence dans le FED de l'enveloppe B dédiée aux imprévus et aux chocs exogènes.[17] Depuis janvier 2013, le règlement financier applicable au budget de l'UE a permis à la Commission de créer et de gérer des fonds fiduciaires multidonateurs dans le domaine des actions extérieures pour répondre

[17] Ceci a été souligné en 2020 dans l'avis de la commission du contrôle budgétaire du PE sur le rapport de mise en œuvre des fonds fiduciaires de l'UE et de la facilité en faveur des réfugiés en Turquie (DRAFT OPINION of the Committee on Budgetary Control for the Committee on Foreign Affairs, the Committee on Development and the Committee on Budgets on the implementation report on the EU trust funds and the Facility for Refugees in Turkey (2020/2045(INI).

aux situations d'urgence. L'un des avantages des fonds fiduciaires est qu'ils permettent de mettre en commun des ressources supplémentaires provenant de sources variées (budget de l'UE, États membres, pays tiers, FED), tout en garantissant plus de flexibilité, une prise de décision et une mise en œuvre plus rapides, ainsi qu'une meilleure coordination et une visibilité accrue de l'UE. Deux des quatre fonds fiduciaires existants sont axés sur l'Afrique : le fonds fiduciaire Bêkou et le fonds fiduciaire d'urgence de l'UE pour l'Afrique.[18]

La donne a fondamentalement changé dès l'ouverture des négociations sur le cadre financier 2021-2027 de l'UE, en ce qui concerne en particulier le financement de son action extérieure. Le 14 juin 2018, la Commission européenne a proposé une réforme fondamentale des mécanismes d'aide extérieure à travers un règlement pour un nouvel instrument d'aide extérieure, l'instrument de voisinage, de coopération au développement et de coopération internationale (IVCDCI). Ce nouvel instrument, adopté en juin 2021, fusionne tous les instruments d'aide extérieure dans une enveloppe de 79,5 milliards d'euros en prix courants. La disparition du FED et l'adoption du règlement NDICI se situent ainsi dans le cadre d'une tendance irréversible visant à conduire en dehors du système de Cotonou des pans entiers de la politique de coopération avec les États ACP. Elles marquent la fin de l'un des piliers essentiels et existentiels du système de Cotonou.

[18] Voir Jones A., Keijzer N., Friesen I. and Veron P., *EU development cooperation with Sub-Saharan Africa 2013- 2018: Policies, funding, results, study, the European Centre for Development Policy Management and the German Development Institute*, May 2020.

PARTIE 2 :

LES PRÉPARATIFS DE LA NÉGOCIATION DE L'ACCORD POST-COTONOU

Les transformations de la scène internationale dont il a été question au chapitre 2 ont déterminé les préparatifs des négociations en vue de la conclusion de l'accord successeur de l'accord de Cotonou. À partir des années 80, l'UE a cherché à étendre plus clairement sa politique de coopération au développement à l'Amérique latine ainsi qu'à l'Asie, en raison notamment de l'adhésion de l'Espagne et du Portugal en 1986. La question se posait donc de savoir si l'UE et les États ACP vont poursuivre leurs liens privilégiés et chercher à s'appuyer sur l'acquis de Lomé/Cotonou ou abandonner la coopération institutionnalisée UE-ACP.

Au cours des années ayant précédé les négociations, il est devenu évident que l'UE et les ACP étaient profondément divisés sur l'avenir de leurs relations. De nombreux pays de l'UE, notamment ceux issus des derniers élargissements, souhaitaient s'éloigner de l'accord de Cotonou et de la coopération spéciale UE-ACP. Les nouveaux membres, aux besoins de financement importants, sont donc venus avec leurs propres besoins financiers et priorités et, à intervalles réguliers, cela a abouti à des adaptations substantielles de l'accord de partenariat de Cotonou. Ils préféraient tourner la page et rechercher de nouvelles relations de l'UE avec chacune des régions ACP séparément. Ceux-ci figureraient à côté d'autres accords interrégionaux, par exemple ceux avec l'ASEAN, le Mercosur et l'Amérique centrale.

L'évolution des perceptions sur le concept de développement et le dialogue politique ont également laissé des traces sur la coopération UE-ACP. En outre, le monde a été témoin de changements notables dans les relations économiques et politiques mondiales, notamment la montée des BRICS et une coopération Sud-Sud accrue. En revanche, les pays ACP restaient favorables à la poursuite de la coopération sous une forme modifiée, en l'adaptant aux nouveaux besoins et aux changements de circonstances.

Chapitre 3 :

Les processus transformationnels au sein du groupe ACP ayant conduit à l'adoption de son mandat de négociation

Au lendemain de la signature de l'accord de Cotonou en 2000, au regard des problématiques qui s'étaient déjà dégagées et de l'évidence que la relation entre l'UE et le groupe des États ACP entrait dans une phase nouvelle, il est paru nécessaire pour le groupe ACP de se réinventer pour rester pertinent dans un environnement international en pleine mutation. En plus, avec le traité de Lisbonne, le groupe ACP, bien que demeurant un partenaire essentiel de l'UE, n'apparaissait clairement plus comme un partenaire privilégié. Face à ces changements protéiformes, le groupe a adopté un train de réformes structurelles qui ont donné des résultats probants à la veille de l'ouverture des négociations en vue de la conclusion de l'accord post-Cotonou.

Ce processus a commencé en 2011 avec la création du groupe de travail sur les perspectives d'avenir du groupe ACP. Dans son rapport rendu en 2014, le groupe de travail a recommandé, entre autres, la diversification des partenariats et le renforcement de l'autonomie financière du groupe. Lors du sommet des chefs d'État et de gouvernement de Sipopo en 2012, les leaders ACP se sont engagés, dans leur déclaration intitulée à juste titre "l'avenir du groupe ACP dans un monde en mutations : défis et opportunités", à rester unis en tant que groupe et à développer les relations Sud-Sud. Les leaders ACP prenaient ainsi conscience de la nécessité d'une transformation et d'un renouvellement profonds de l'organisation par le renforcement de la coopération avec le partenaire stratégique et traditionnel européen, tout en développant et diversifiant les partenariats avec les pays du Sud et d'autres nations. Ceci impliquait également la nécessité de garantir sa pérennité financière, de l'adapter avec efficacité à un environnement mondial agité et de mieux le positionner sur la scène internationale.[19] Ces orientations, les chefs d'État et de gouvernement ACP les confirmeront lors du sommet de Port Moresby en Papouasie Nouvelle-Guinée, le 1er juin 2016.

Entre-temps, un groupe d'éminentes personnalités dirigé par l'ancien chef d'État nigérian OBASSANJO avait été mis en place en mars 2013, avec pour mandat d'analyser le statut du groupe en tant qu'organisation internationale et de recommander des réformes visant à le transformer en une institution plus efficace, plus pertinente et plus dynamique, apte à améliorer les conditions de vie des populations ACP à travers la réduction de la pauvreté et le développement durable. Ses recommandations seront traduites en programme d'action dans la vision du groupe ACP telle que reflétée dans le document-cadre d'orientation intitulé « Vers le groupe ACP que nous voulons ».

À partir de là, les États ACP ont clairement assumé leur volonté de « devenir une organisation transcontinentale de premier plan, travaillant de manière solidaire afin d'améliorer les niveaux de vie de ses communautés grâce à la coopération Sud-Sud et Nord-Sud.[20] Le groupe ACP va s'engager sur trois chantiers majeurs :

- la négociation de l'accord appelé à remplacer l'accord de Cotonou ;
- la révision de l'accord de Georgetown et la réforme institutionnelle du groupe ;
- la poursuite du chantier visant à l'autonomisation financière du groupe.

Dans sa nouvelle vision, le groupe ACP entendait également diversifier ses partenariats. L'article 34 de l'accord de Georgetown révisé, qui régit la conduite des relations extérieures de l'OEACP, prévoit qu'elle peut conclure des accords avec des pays ou organisations et institutions tiers. Cette disposition innovante visait précisément à permettre à l'OEACP de diversifier ses partenariats, en

---

[19] 7e sommet des chefs d'État et de Gouvernement ACP Sipopo, Guinée Équatoriale, 13 - 14 décembre 2012. Déclaration de Sipopo : "L'avenir du groupe ACP dans un monde en mutation : défis et opportunités" ACP/28/065/12 [Final].

[20] Vers le groupe ACP que nous souhaitons, référence ACP/1/1/11/(vol. 1) 17 rev. 3, 1er mai 2017.

prévision de la fin du caractère privilégié de sa relation avec l'UE. Cette dimension de la réforme de l'OEACP, à ce jour la moins opérationnalisée, occupe cependant une place importante dans l'agenda. À cet égard, l'on peut mentionner la coopération avec l'Indonésie[21] et l'adhésion à l'OEACP des îles Maldives[22]. Les

---

[21] Le Conseil des ministres de l'OEACP avait approuvé l'établissement des relations de travail entre le secrétariat de l'OEACP et l'ambassade d'Indonésie à Bruxelles et donné mandat au secrétaire général pour signer une lettre d'intention avec cette dernière. Le 3 décembre 2021, l'ambassade de la République d'Indonésie à Bruxelles et le secrétariat de l'OEACP ont signé une lettre d'intention sur la coopération en matière de renforcement des capacités dans le domaine de l'information, de la communication et de la technologie. La lettre d'intention jette les bases de la coopération entre les deux entités dans le domaine des TIC. Comme première étape de la mise en œuvre de la lettre d'intention, un logiciel financier et comptable sera développé afin de fournir plus d'efficacité et de renforcer l'efficacité du secrétariat de l'OEACP dans l'exercice de ses fonctions.
Il y avait un double intérêt pour l'Indonésie d'établir une coopération avec l'OEACP. D'une part, ce pays était engagé dans différents processus avec l'UE qui impliquaient des pays et organisations OEACP. C'est notamment le cas dans les dossiers liés à la déforestation, au palmier à huile et même au cacao. D'autre part, le dossier de la Papouasie occidentale, province de l'Indonésie à statut spécial, est inscrit à l'agenda de l'OEACP. Le Conseil des ministres de l'OEACP avait adopté une décision concernant la situation des droits de l'homme en Papouasie occidentale faisant référence à une résolution du 7 décembre 2019 qui chargeait le président de proposer au haut-commissaire des Nations Unies aux droits de l'homme « qu'une mission urgente soit dépêchée en Papouasie occidentale afin d'établir dans les meilleurs délais un rapport factuel et éclairé sur la situation des droits de l'homme dans cette province », et instruisait le secrétaire général de publier une déclaration sur la mise en œuvre de cette décision.
Y faisant suite, en juin 2021, le président en exercice du Conseil des ministres de l'OEACP a adressé, au nom de l'Organisation, une lettre au Haut-Commissaire des Nations Unies aux droits de l'homme. Tout en constatant que l'Indonésie exerçait une pleine souveraineté sur la province de Papouasie occidentale, l'OEACP réaffirmait son attachement au respect des droits de l'homme, de l'État de droit et des principes démocratiques. De plus, d'autres États membres de l'OEACP comme Timor Leste et la Papouasie Nouvelle Guinée, ont des relations multiformes avec l'Indonésie.
[22] La demande d'adhésion de ce petit État insulaire se fondait, entre autres, sur le fait qu'il partage la vision de l'OEACP en ce qui concerne le multilatéralisme dans la gestion des questions internationales, la lutte contre le changement climatique et le développement économique de ses membres. Son souhait était donc d'adhérer à un groupe plus large afin de bénéficier d'une solidarité économique et d'obtenir un appui pour son développement économique et social. Cette demande a suscité un réel intérêt de la part des membres de l'OEACP, d'autant plus que l'accord de Georgetown révisé a prévu des procédures permettant aux instances compétentes d'octroyer le statut de membre de l'OEACP à des États indépendants appartenant aux régions ACP ou à des

prémisses d'une coopération avec l'Inde et le Brésil ont également été posées.

S'agissant de la négociation de l'accord post-Cotonou, le débat est alors marqué par les réflexions sur l'opportunité de maintenir ou non la coopération entre les ACP et l'UE. S'il est vrai que la révision du cadre juridique du partenariat a toujours donné lieu à de tels débats, les négociations des APE ont accéléré le changement de paradigme avec, entre autres changements notoires, le passage de l'aide au développement à la coopération commerciale multilatérale, la budgétisation annoncée du FED, ce qui faisait craindre une diminution des ressources et même la fin de la subvention traditionnellement attribuée au secrétariat ACP, et surtout le débat sur l'importance et la place à accorder aux organisations régionales dans le futur partenariat post 2020. En clair, c'est la survie des ACP en tant qu'organisation qui était en jeu, tant les lobbies étaient nombreux, essayaient de démontrer son caractère suranné et appelaient à une mutation fondamentale qui

---

États indépendants ayant des structures ou des besoins économiques comparables, quelle que soit leur situation géographique, suivant les critères ci-après :

- la reconnaissance par la majorité des États membres ;
- l'engagement à être lié par l'accord de Georgetown révisé et à le respecter ;
- la capacité et la volonté de s'acquitter des droits et obligations résultant de l'accord de Georgetown révisé.

Cette demande d'adhésion a fait l'objet d'un examen minutieux tenant compte de certains différends, notamment la délimitation de leurs frontières maritimes ; les principes d'unité et de solidarité entre les membres avaient été longuement sollicités. Le 9 juin 2022, lors de sa 114e session, le Conseil des ministres de l'OEACP a accordé à la République de Maldives le statut d'observateur auprès de l'OEACP. Le 28 novembre 2022, en sa 115e session, le conseil a recommandé au 10e sommet des Chefs d'État et de gouvernement de l'OEACP d'accepter la demande d'adhésion de cet État. Cette recommandation a été approuvée par les Chefs d'État réunis à Luanda le 9 décembre 2022 dans le cadre de leur 10e sommet. Le processus d'adhésion des Maldives a été rapide (la demande soumise en mars 2022 a été définitivement acceptée en septembre de la même année) et a permis à l'OEACP de combler des vides qui existaient en ce qui concerne l'adhésion de nouveaux États membres. En effet, la décision sur le statut d'observateur avait pour objectif non seulement de contenter certains États membres qui avaient exprimé des préoccupations d'ordre politique, mais aussi de donner du temps aux instances compétentes d'adopter les procédures qui alors, n'étaient pas encore formellement déterminées. En recommandant l'acception de la candidature de ce nouveau membre, le Conseil des ministres du 28 novembre 2022 soumettait en même temps aux Chefs d'État un modèle d'instrument d'accession.

verrait la conclusion d'un accord avec les régions séparément, sonnant ainsi le glas pour le groupe ACP.

Le 9e sommet des chefs d'État et de gouvernement ACP qui s'est tenu à Nairobi en décembre 2019 a donc permis aux chefs d'État ACP de valider l'ensemble de ces réformes structurelles. Même si l'accord post-Cotonou n'avait pas, à ce moment, connu le niveau de négociation souhaité, tous les autres chantiers étaient à un degré de maturité tel que les plus hauts décideurs OEACP avaient pu valider les différents processus.

Premièrement, le sommet a permis l'adoption de l'accord de Georgetown révisé. Cet accord, adopté le 6 juin 1975 à Georgetown à Guyana, est l'acte constitutif du groupe des États d'Afrique, des Caraïbes et du Pacifique qui vise à assurer le développement durable et la réduction de la pauvreté dans les États membres des ACP. Avec la révision de l'accord de Georgetown, les États ACP, conscients de l'impact qu'ils pourraient avoir à l'échelle internationale en tant que groupe et acteur multilatéral majeur, ont affirmé leur volonté de renforcer leur coopération dans le domaine commercial notamment, de sorte à tirer pleinement profit de l'économie mondiale. La révision de l'accord a également mis en exergue la détermination du groupe à faire face aux défis de développement sur tous les fronts, notamment l'environnement et le changement climatique, la paix et la sécurité, les questions de genre et le développement du secteur privé.

Les changements majeurs découlant de la révision de l'accord sont notamment :

- au plan organisationnel, le changement de nom en Organisation des États d'Afrique, des Caraïbes et du Pacifique (OEACP) et sa transformation en une organisation internationale sui generis ;
- l'élargissement des thèmes pour englober les problématiques et défis mondiaux tels que l'environnement et le changement climatique, la paix et la sécurité ;
- la mise en place d'un mécanisme de règlement des différends ;
- la création d'un Fonds fiduciaire et de dotation ;
- la création d'un comité de l'audit et du budget dans les dispositions financières.

Conformément à son article 42, l'accord de Georgetown révisé est entré en vigueur le 5 avril 2020, soit trente jours après avoir été signé ou ratifié par 1/3 des États membres de l'organisation. L'organisation des États ACP devient ainsi une organisation intergouvernementale sui generis et en vertu du document-cadre d'orientation politique, « Vers le groupe ACP que nous voulons », elle entend devenir la première organisation transcontinentale œuvrant solidairement à l'amélioration du niveau de vie des populations des pays d'Afrique, des Caraïbes et du Pacifique à travers la coopération Sud-Sud, Nord-Nord et triangulaire.

Elle entend renforcer la cohésion de ses membres – notamment par la mise en place d'un mécanisme de résolution des conflits – et assurer son autonomie financière vis-à-vis de l'UE grâce notamment à la création d'un fonds fiduciaire et de dotation, au paiement régulier des contributions statutaires et d'autres formes de financement du développement. Pour ce qui est de l'autonomie financière à travers le fonds fiduciaire et de dotation, le groupe de travail sur les perspectives d'avenir des ACP, créé sur la base des décisions des chefs d'État à Sipopo et fort Moresby, avait déjà relevé, pour le déplorer, que l'organisation dépendait en partie des contributions de l'UE pour son fonctionnement. Cela signifiait qu'en l'absence d'une enveloppe intra-ACP ou d'un mécanisme similaire après 2020, une grande incertitude planerait sur la viabilité financière du groupe ACP.[23] C'est pour diminuer cette dépendance que nait l'idée de la création du fonds fiduciaire et de dotation dont le principal avantage est d'assurer une stabilité et de permettre aux États membres de se préoccuper moins de savoir si les subventions attendues des partenaires au titre de leur contribution au budget approuvé sont versées.

L'adoption et le lancement en décembre 2019 par les chefs d'État et de gouvernement ACP du fonds fiduciaire et de dotation ACP sont donc l'aboutissement d'un long processus piloté dans le cadre d'un groupe de travail sur les perspectives d'avenir des ACP. Plusieurs États membres ont déjà annoncé leurs contributions à ce fonds, notamment la Guinée Équatoriale, la Papouasie Nouvelle-Guinée, le Ghana et le

[23] Le groupe de travail a conduit ses réflexions dans un contexte où l'incertitude régnait sur le financement du partenariat après expiration de l'accord de Cotonou. L'UE avait quant à elle déjà annoncé la budgétisation du Fonds européen de développement, instrument financier dédié à l'accord de Cotonou. Les décisions du groupe de travail sont longtemps restées tributaires des négociations au sein des institutions européennes sur le cadre financier pluriannuel 2021-2027.

Kenya. Le succès de l'initiative dépendra de la taille de la dotation initiale et de la pertinence des investissements que ce fonds de dotation permettra de financer.

Le fonds, établi dans la juridiction luxembourgeoise, a comme entité fondatrice et responsable légal, la structure juridique de base appelée le « General Partner » ou associé commandité, association à but non lucratif enregistrée auprès de la Commission de Surveillance du Secteur financier (CSSF) de Luxembourg.[24] Il est indépendant du secrétariat ACP dans la mesure où il est doté de son propre conseil d'administration soutenu par une unité technique de planification financière et des investissements.[25]

En attendant le fonds, la situation financière du secrétariat reste préoccupante. La réforme engagée dans le cadre de la révision de l'accord de Georgetown avait également pour objectif de sécuriser le paiement par les États membres de leurs contributions financières au budget de l'organisation. À cet égard, la principale innovation introduite par l'accord de Georgetown révisé porte sur le renforcement des obligations des États en la matière et surtout, l'adoption de l'annexe 1 instituant un régime de sanctions.

En effet, des sanctions sont désormais imposées à un État membre ayant des arriérés de contribution au budget du secrétariat pour des raisons non liées à des catastrophes naturelles ou à des circonstances exceptionnelles affectant gravement son économie et sans avoir été dispensé du paiement de ses contributions par le Conseil des ministres. Ces sanctions sont graduées en fonction du nombre d'années de retard.

- En cas de retard de paiement d'un an, l'État concerné est suspendu de son droit de s'exprimer et de recevoir des documents lors des réunions de l'OEACP.
- En cas de retard de paiement de deux ans, en plus de la sanction ci-dessus, il est procédé à la suspension du recrutement par l'OEACP de membres du personnel originaires de l'État en

---

[24] Le processus de mise en place du fonds est actuellement piloté dans le cadre du groupe de travail chargé de la mise en œuvre des recommandations du groupe de travail des ambassadeurs sur les perspectives d'avenir du groupe ACP, présidé par l'Ambassadeur du Cameroun en Belgique, S.E. Daniel Evina Abe'e.

[25] Pour une gouvernance détaillée du fonds, voir ACP : le groupe ACP transformé : une autorité et une voix au service de ses populations. Financement du développement des pays ACP : Historique, Impact et perspective à long terme. www.acp.int.

question et à la suspension du renouvellement des contrats de ceux déjà en poste.

- En cas de retard de paiement de trois ans ou plus, en plus des deux sanctions ci-dessus, il est procédé à la suspension de l'octroi par l'OEACP de fonds au titre des nouveaux projets dans l'État membre concerné.

Lors de la 113e session du Conseil des ministres en décembre 2021, le conseil a approuvé le manuel de mise en œuvre de la politique de l'OEACP en matière de sanctions qui vise à rendre opérationnel le mécanisme afin de garantir que les États membres soient traités de manière équitable, transparente et cohérente. Il combine les dispositions de l'annexe susvisée et du règlement, et élargit le champ d'application en précisant les modalités ainsi que les compétences de chaque institution de l'OEACP. Les pouvoirs du secrétariat de l'OEACP sont renforcés dans la mise en œuvre de ces sanctions. Sans en référer ni au comité des ambassadeurs ni au Conseil des ministres, il peut en effet appliquer la sanction dès lors que les conditions sont réunies.

Ce mécanisme a commencé à produire des résultats. Selon un rapport présenté lors de la 113e session du Conseil des ministres, le taux de recouvrement des contributions et autres revenus de 86,51 % enregistré au 30 septembre 2021, constitue le meilleur niveau de recouvrement des cinq dernières années.[26]

La réforme institutionnelle a également eu pour résultat la création du centre d'information ACP pour la coopération Sud-Sud et triangulaire dont le siège est établi à Malabo. Un accord de siège a déjà été signé entre l'organisation et le pays hôte.

À Nairobi, le Conseil des ministres réuni en sa 110e session avait également adopté une décision donnant mandat au comité des ambassadeurs pour faire entreprendre un examen exhaustif de la structure du secrétariat. Parallèlement à la réforme de l'organisation dans sa globalité actée par l'accord de Georgetown révisé, il s'agissait de la doter d'un secrétariat « adapté à sa mission », axé sur les résultats et utilisant efficacement ses ressources humaines, financières et matérielles afin de lui donner les moyens d'atteindre les objectifs énoncés dans l'accord de Georgetown révisé. Ce processus était conduit parallèlement à la révision

---

[26] Rapport du contrôleur financier sur l'exercice du budget au 3e trimestre 2021 RÉFÉRENCE ACP/45/006/21.

du statut du personnel du secrétariat de l'OEACP, prescrit par décision du Conseil des ministres adoptée en mai 2019.

Plusieurs groupes de travail du comité des ambassadeurs, appuyés par des experts externes, ont pu, à l'issue de consultations souvent houleuses et particulièrement tendues avec le personnel, adopter en 2020, le nouveau statut du personnel assorti d'un règlement de travail applicable au personnel de la catégorie locale. Ces textes sont entrés en vigueur le 1er janvier 2021. Sur cette base, de nouveaux contrats de travail avec un personnel recruté sur la base de la nouvelle structure organisationnelle du secrétariat ont été conclus ; ce qui a permis de rationaliser les postes avec un staff qui est passé de 95 à 78 personnes. Paradoxalement, la réforme institutionnelle a abouti à une réduction des effectifs, ce qui contraste avec la volonté affichée de renforcer les capacités du secrétariat en le dotant notamment de nouvelles missions plus ambitieuses. Faute de ressources financières suffisantes, les recrutements du personnel ne sont pas allés à leur terme.

L'évaluation de ces vingt années de changement au sein des ACP laisse apparaitre trois tendances fortes en termes de changements. Premièrement, le choix des ACP a été porté sur les changements liés aux réformes institutionnelles qui ont permis de remplacer certaines règles existantes, dans une double dialectique de « substitution » et « d'empilement ».[27] En effet, l'on remarquera que l'accord de Georgetown, texte fondateur du groupe ACP, n'a pas été remplacé par un texte nouveau, mais simplement modifié et révisé. Pourtant, le débat fut vif au sein du comité des ambassadeurs et du groupe de travail chargé de la conduite de ce processus. Pour certains, afin de marquer le renouveau du groupe, il était important de conclure un traité nouveau qui assurerait alors une renaissance totale et une rupture avec le passé. Cette position a été mise en minorité face aux tenants de l'approche de la continuité, lesquels ont mis en exergue l'héritage politique, culturel et technique du groupe. Il faut dire que cet état d'esprit, l'innovation dans la continuité en préservant les acquis, est le courant dominant au sein des ACP qui influence les politiques qui y sont adoptées. À cet égard, l'accord de Georgetown révisé a modifié certaines missions des ACP,

[27] Sur l'impact des changements institutionnels, on peut lire Philippe Bezes, Patrick Le Lidec, « Ce que les réformes font aux institutions », dans Jacques Lagroye, Michel Offerlé (dir.), Sociologie de l'institution, Paris, Belin, 2011.

leur nature juridique, le processus de désignation du secrétaire général et les modalités de sa révision.

En fait, la réforme institutionnelle par substitution est quasi permanente dans cette organisation ; elle évalue et révise régulièrement le traité de coopération qui le lie à son partenaire historique européen ainsi que les bases juridiques de ses politiques, crée de nouveaux organes, amende les procédures de décision et donne de l'impulsion à son grand projet qui est de réduire la pauvreté au sein de ses États membres et d'assurer leur intégration progressive dans le commerce mondial.

La deuxième forme de changement observable est d'ordre cognitif et normatif. Il est intervenu avant même la réforme institutionnelle et l'a accompagnée. C'est lui qui a conduit l'organisation à réévaluer son rapport à son environnement et à changer les modalités de mise en œuvre de ses règles. Le changement cognitif et normatif apparait à travers les différents documents d'évaluation et de plan d'action qui ont conduit les États membres de l'organisation à réinterpréter son mandat originel. C'est ainsi que la perception internationale du rôle joué par l'organisation a été modifiée.

Quel que soit le jugement que l'on porte sur le bilan de la coopération pour le financement du développement, de la coopération commerciale ou des programmes pour la lutte contre la pauvreté dans le cadre de la relation UE/ACP, l'évolution de ceux-ci et du système classique des préférences commerciales aux APE en passant par les conditionnalités politiques et environnementales qui ont été progressivement introduites dans la relation, témoigne largement de la capacité de l'organisation à réinventer, sous des impulsions normatives successives, les modalités de la coopération pour le développement et la lutte contre la pauvreté.[28]

Dans d'autres registres, nombre d'activités et de programmes dans la relation UE-ACP ont été menés sur la base de nouvelles normes d'actions collectives générées au sein de l'organisation (le développement humain, la sécurité humaine, le développement durable, l'égalité entre les sexes) assez différente des normes qui étaient les

[28] Olivier Nay offre une excellente lecture des changements cognitifs et normatifs au sein des organisations intergouvernementales dans son article : « What Drives Reforms in International Organizations ? External Pressure and Bureaucratic Entrepreneurs in the UN Response to AIDS », Governance: An International Journal of Policy, Administration, and Institutions, 24 (4) 2011, p. 689-712.

siennes au moment de sa création en 1975. Ces changements normatifs et institutionnels doivent se comprendre également dans le contexte de la relation avec l'UE qui, à cet égard, constitue un facteur majeur de changement. Certains observateurs se demandent d'ailleurs si ces changements ne résultent pas tout simplement d'une mise en conformité des ACP.

Troisièmement, l'on remarquera que le processus de changement au sein des ACP n'a pas donné lieu à une reconfiguration du pouvoir à l'intérieur et entre ses structures institutionnelles. Les rapports de force restent donc globalement les mêmes.

En définitive, la crise liée à la Covid-19 et les diligences préalables aux négociations d'un nouvel accord avec le partenaire européen ont été une opportunité pour l'OEACP de tester les résultats de son long processus de transformation. Si le moment n'est pas encore venu d'en évaluer l'impact et la portée, les éléments d'analyse invoqués renseignent que le groupe ACP, comme toutes les autres organisations intergouvernementales, loin de constituer un « ordre institué » marqué par l'inertie, est un univers institutionnel ouvert et évolutif, soumis à des dynamiques de changement qui résultent de facteurs multiples endogènes et exogènes et suivent des temporalités variées. Dans le contexte actuel, la concurrence institutionnelle et politique forte qu'il subit des autres organisations régionales à l'instar de l'UA lui a fait prendre conscience du fait que son changement institutionnel est une condition importante de sa résilience dans le système international. Ce contexte et ces processus ont fortement influencé les négociations en vue de la conclusion de l'accord de Samoa. Mais paradoxalement, ces changements institutionnels et en particulier, l'adoption de l'accord de Georgetown révisé, ont créé une ligne de fracture profonde dont la manifestation concrète est la décision de retrait de la République sud-africaine, notifiée à l'OEACP en septembre 2022. Une analyse des causes et des conséquences de ce retrait est faite au paragraphe 20.

Tableau 1 : Chronologie : étapes en vue d'un nouveau partenariat UE-ACP après 2020

2016 :

15 juillet 2016: Publication par la commission et la haute représentante d'une évaluation conjointe de l'accord de partenariat de Cotonou.

→

-22 novembre 2016: La commission et la haute représentante adoptent une communication conjointe sur le futur partenariat avec les pays ACP. Cette communication porte plus particulièrement sur les trois principaux aspects de ce futur partenariat:

- la structure
- la nature d'un éventuel nouvel accord
- l'étendue géographique de cet accord

→

-28 novembre 2016: Les ministres des Affaires étrangères relancent les discussions sur les futures relations entre l'UE et les pays ACP. Ces discussions se sont appuyées sur la communication conjointe du 22 novembre 2016 de la Commission européenne et de la haute représentante.

2017 :

19 mai 2017: Les ministres débattent de la communication conjointe de la Commission européenne et de la haute représentante, Federica Mogherini, adoptée le 22 novembre 2016. Les débats sont axés sur les options proposées concernant les trois principaux aspects suivants:

- La structure des relations futures
- la nature de l'accord éventuel
- la couverture géographique

→

17 décembre 2017: La Commission européenne présente une recommandation au Conseil comprenant une proposition relative aux directives de négociations. Elle expose les fondements et les principales orientations du futur partenariat avec les régions ACP.

La structure des relations futures

2018 :

22 janvier 2018: Les ministres des Affaires étrangères débattent du projet de directives de négociations de la Commission et se déclarent largement favorables à l'approche de la Commission consistant à conclure un accord-cadre au niveau ACP, associé à trois partenariats régionaux sur mesure. L'objectif est d'adopter une décision visant à autoriser le lancement des négociations ainsi que les directives de négociation au cours du premier semestre de 2018.

22 mai 2018: Directives de négociations : les ministres font le point des progrès accomplis et confirment l'objectif du conseil de finaliser les directives de négociations le plus tôt possible, afin d'être prêts à lancer les négociations avec les pays partenaires ACP à la fin du mois d'août 2018, comme le prévoit l'accord de Cotonou.

28 mai 2018: Le conseil demande aux ambassadeurs auprès de l'UE de poursuivre et de finaliser les travaux en ce qui concerne les directives de négociations, sous la direction de la présidence bulgare.

30 mai 2018: Les pays ACP adoptent leur mandat de négociation à l'occasion du Conseil des ministres ACP à Lomé.

22 juin 2018: Le Conseil adopte le mandat de négociation du futur accord entre l'UE et les pays ACP. Les négociations formelles peuvent alors débuter fin août 2018 au plus tard, comme le prévoit l'accord de Cotonou.

28 septembre 2018: Ouverture officielle des négociations. Les négociations sont officiellement ouvertes à New York lors d'une réunion des négociateurs en chef:

- pour les ACP: Robert Dussey, ministre des Affaires étrangères du Togo
- pour l'Union européenne: Neven Mimica, commissaire pour la Coopération internationale et le Développement

14 décembre 2018: Fin de la première série de négociations. Les deux négociateurs en chef se rencontrent à Bruxelles pour faire le bilan des progrès accomplis et discuter des étapes suivantes. La première série de pourparlers a permis de dégager une large convergence sur la structure du futur accord et les priorités stratégiques.

28 septembre 2018 : les négociations sont officiellement ouvertes.

2019 :

4 avril 2019: Fin du deuxième cycle de négociations. Les négociateurs en chef de l'UE et des pays ACP se réunissent au Tchad pour faire le point sur les discussions et achever le deuxième cycle de négociations. Ils soulignent les progrès accomplis et lancent la phase suivante des négociations qui va porter sur les négociations des protocoles régionaux.

3 mai 2019: Lancement à Eswatini du dialogue sur le protocole régional africain. Les négociateurs en chef Neven Mimica et Robert Dussey se sont réunis avec les ministres africains pour discuter du pilier Afrique du futur partenariat. À l'instar des autres consultations régionales tenues dans le Pacifique et les Caraïbes, il s'agissait de passer en revue les besoins et les priorités spécifiques de la région Afrique, tout en étudiant le meilleur moyen de les intégrer dans le futur accord ACP-UE. Ces discussions devaient permettre d'alimenter et d'enrichir le protocole Afrique.

23 mai 2019: Réunion des négociateurs en chef à Bruxelles pour évaluer les progrès et convenir des pourparlers à l'étape suivante

2020 :

-14 février 2020: Adoption des mesures transitoires visant l'extension de l'accord de Cotonou jusqu'en décembre 2020.

9 mars 2020: Publication par la Commission européenne et le haut représentant pour les Affaires étrangères de la communication sur la stratégie UE-UA. La communication présente des propositions visant à intensifier la coopération par le biais de partenariats dans cinq domaines clés: transition verte; transformation numérique; croissance et emplois durables; paix et gouvernance; et migration et mobilité.

3 décembre 2020: Dixième et dernière réunion des négociateurs en chef ACP et UE en visio-conférence : accord politique sur le texte d'un nouvel accord de partenariat qui succédera à l'accord de Cotonou.

2021 :

- **15 avril 2021** : L'accord est paraphé à Bruxelles en présence des négociateurs en chef des deux parties. Les autres parties prenantes y prennent part par vidéoconférence.

15 novembre 2023 : l'accord est signé à Samoa.

Chapitre 4 :

L'adoption des directives de négociations de la partie européenne

L'article 218 du traité sur le fonctionnement de l'UE décrit la procédure de négociation d'un accord international par l'UE. Cette procédure est applicable en ce qui concerne l'engagement de l'UE y compris pour un « accord mixte ». La directive de négociation de l'UE ne règle pas la question de la nature de l'accord à négocier qui sera gérée dans une étape ultérieure, comme nous le verrons dans les chapitres qui vont suivre et qui vont exposer les rôles remplis par les institutions de l'UE lors du processus de négociations : établissement d'un mandat de négociations, négociations en tant que telles, signature, ratification et contrôle de conformité avec les traités de l'UE.

En l'occurrence, le conseil de l'UE dispose d'un pouvoir essentiellement formel, mais primordial, notamment au moment de la signature de l'accord. Celle-ci n'est possible qu'après approbation du parlement européen. La commission, quant à elle, remplit le rôle de négociatrice. La cour de justice veille pour sa part – et pour autant qu'elle soit saisie avant l'entrée en vigueur de l'accord – au respect par le traité négocié des particularités de l'ordre juridique de l'UE. À la fin de la négociation de l'accord, la question de la définition de la partie européenne étant restée en suspens, il a été envisagé de recourir à la Cour pour déterminer si l'accord relève exclusivement des compétences de l'Union ou également de celles des États membres.

La révision du partenariat a fait l'objet d'une consultation publique au niveau européen entre octobre et décembre 2015. Sur la base des résultats de cette consultation, d'entretiens ciblés et de contributions des services européens concernés, la Commission européenne et le service européen pour l'action extérieure ont publié une évaluation conjointe en juillet 2016[29]. Les principales conclusions de cette évaluation ont fait

---

[29] DOCUMENT DE TRAVAIL CONJOINT DES SERVICES, Synthèse Évaluation de l'accord de partenariat de Cotonou {SWD (2016) 250}.

ressortir plusieurs variables. Le rapport reconnait que le soutien financier au volet « développement » de l'accord de Cotonou a contribué à la réduction de la pauvreté et que l'appui budgétaire a eu une incidence positive sur l'accès aux services de base en matière de santé et d'éducation.

Le rapport soulève toutefois des notes d'insatisfaction, notamment en ce qui concerne l'éducation et le dialogue politique. Pour ce cas, le rapport relève qu'il n'aurait pas été utilisé de manière efficace pour promouvoir des intérêts communs dans les enceintes internationales en dépit de quelques succès, comme les positions communes pour la mise en œuvre de l'accord de Paris. Le dialogue n'aurait pas réussi à susciter des améliorations en matière de droits de l'homme et de démocratie.

Quant à la coopération économique et commerciale, si elle a soutenu l'augmentation des échanges commerciaux, il est cependant difficile de quantifier précisément son incidence. L'évaluation affirme que l'intégration régionale a été favorisée par la négociation d'accords de partenariat économique régionaux.

Il convient de rappeler que dans le cadre de l'accord de Cotonou, les pays ACP bénéficiaient d'un régime tarifaire préférentiel pour leurs échanges avec les États membres de la communauté européenne. Cette préférence « géographique » était en fait une dérogation à l'accord général sur les tarifs douaniers et le commerce : selon le principe de la « nation la plus favorisée », le traitement préférentiel accordé aux États ACP aurait dû également bénéficier à d'autres pays ayant un niveau de développement similaire. C'est pourquoi l'accord de Cotonou a inclus une disposition prévoyant la négociation d'Accords de Partenariat économique (APE) conformes aux règles de l'Organisation mondiale du commerce.[30]

Bien que l'article 13 de l'accord de Cotonou prévoie une coopération dans le domaine de la migration, l'évaluation conjointe fait observer que d'autres initiatives dépassant le cadre ACP-UE, constituent des enceintes plus appropriées pour s'attaquer aux causes profondes de la migration. Il s'agit par exemple de l'approche globale de l'UE sur la question des migrations et de la mobilité, de l'agenda européen en matière de migration ou du plan d'action de La Valette entre l'UE et l'Afrique.

---

[30] Voir Raymond Ebale, *op cit.*

Le rapport met également en évidence le fait que l'approche de l'UE envers les trois sous-régions ACP est clairement différenciée. En matière de sécurité, l'UE est un acteur de premier plan en Afrique où la violence politique est plus élevée, mais pas dans les Caraïbes ou le Pacifique. Le FED était utilisé pour financer des projets qui ne concernent manifestement pas les pays des Caraïbes ou du Pacifique, au moyen d'instruments tels que la Facilité de paix pour l'Afrique. L'Afrique bénéficie aussi du fonds fiduciaire d'urgence créé en 2015 pour répondre à la crise migratoire.

Sur la base de ces constatations, la Commission européenne et le SEAE ont publié en fin 2016, une communication conjointe esquissant leur vision du futur partenariat. Le scénario envisagé, repris en décembre 2017 dans la recommandation de décision du conseil autorisant l'ouverture des négociations, préconise un accord général (socle commun) entre l'UE et tous les pays ACP, assorti de protocoles particuliers avec l'Afrique, les Caraïbes et le Pacifique respectivement. Les protocoles régionaux tiendraient compte des intérêts divergents de chacune des trois composantes et des intérêts stratégiques de l'UE dans chacune d'entre elles. Le « socle » commun concernerait des questions d'intérêt commun ou pour lesquelles la différenciation géographique n'est pas pertinente, comme le changement climatique, les droits de l'homme, le respect des principes démocratiques et de l'État de droit.

Pour les 13 États membres qui ont adhéré à l'UE après 2000, les discussions sur l'après-Cotonou étaient la première occasion d'avoir leur mot à dire sur l'avenir des relations ACP-UE. Or, ces nouveaux membres n'ont pas de relations aussi fortes avec l'une de ces régions que les 15 États membres qui ont ratifié l'accord en 2000, dont plusieurs avaient eu des colonies dans les actuels pays ACP. Après plusieurs mois de discussions, les États membres ont approuvé le mandat européen le 22 juin 2018, lequel pose le principe d'un partenariat juridiquement contraignant et exhaustif dans sa portée. Le mandat de l'UE propose l'élargissement du partenariat au-delà des ACP, à l'Amérique latine ou l'Afrique du Nord et l'Asie/Pacifique. Le principal point de désaccord entre les membres concernait la politique migratoire. Les débats sur ce sujet ont retardé l'adoption du mandat de négociation.

Chapitre 5 :

La contribution du parlement européen, de l'assemblée parlementaire paritaire ACP-UE et de la société civile aux travaux préparatoires de la négociation de l'accord post-Cotonou.

1- Les interventions du parlement européen et de l'APP lors de l'adoption des directives européennes et au-delà

Le parlement européen joue un rôle essentiel dans le cadre institutionnel de l'accord par l'intermédiaire des 78 députés européens qui participent à l'assemblée parlementaire paritaire, aux côtés de 78 parlementaires des pays ACP. Bien que ne participant pas directement aux négociations pour le futur accord, l'approbation du Parlement européen était requise pour la finalisation des textes matérialisant le nouveau partenariat, d'autant qu'à travers le contrôle budgétaire, il a un droit de regard général.

Avant et pendant les négociations, le parlement a adopté des positions sur le processus de négociation de l'accord post-Cotonou. Avant les négociations, dans une résolution d'octobre 2016[31], le parlement avait demandé que :

- les accords de partenariat économique soient pleinement intégrés dans le nouveau partenariat et fassent l'objet d'un contrôle en ce qui concerne le respect des droits de l'homme et des normes sociales et environnementales ;
- le fonds européen de développement soit inclus dans le budget de l'UE ;

---

[31] Résolution du Parlement européen du 4 octobre 2016 sur l'avenir des relations ACP-UE au-delà de 2020 (2016/2053(INI))

- la « facilité » de soutien à la paix pour l'Afrique soit financée en dehors du FED et que les nouveaux projets liés à la migration ne pèsent pas sur le financement du développement.

Le 14 juin 2018, le parlement a adopté une autre résolution[32] qui, en accord avec ses positions antérieures, approuve les principaux aspects de la proposition de la commission, notamment le caractère juridiquement contraignant du socle commun et des protocoles régionaux. Cette résolution formulait les principales recommandations ci-après :

- Le partenariat devrait être axé sur le programme 2030 des Nations Unies et sur la lutte contre la pauvreté ;
- Il devrait insister sur le soutien au développement agricole durable face aux changements climatiques ;
- Le chapitre sur les droits de l'homme devrait lister explicitement les discriminations à combattre (sexuelles, ethniques, religieuses, etc.) et mentionner les droits en matière de sexualité et de reproduction ;
- Le dialogue politique devrait être renforcé et disposer d'un solide mécanisme de suivi ;
- Les points sur la gestion de la migration légale devraient être plus « ambitieux » afin de compenser la place importante consacrée à la lutte contre la migration illégale ;
- Les parlements nationaux, les autorités locales, la société civile et le secteur privé devraient être mieux associés à la programmation, au suivi et à l'évaluation des priorités du partenariat ;
- La dimension parlementaire devrait être renforcée ;
- L'Assemblée parlementaire paritaire devrait être étroitement associée à la mise en œuvre de l'accord et les protocoles régionaux devraient prévoir des réunions annuelles entre députés européens et députés des pays concernés, avec un rôle fort du parlement panafricain dans le protocole UE-Afrique.

Il y a une forte convergence et même un certain alignement des eurodéputés sur le contenu des directives de négociations adoptées par

[32] Résolution du parlement européen du 14 juin 2018 sur les négociations à venir concernant un nouvel accord de partenariat entre l'Union européenne et les pays du groupe des États d'Afrique, des Caraïbes et du Pacifique (2018/2634(RSP)).

le conseil. Le parlement n'a pas manqué de souligner que si l'accord négocié ne prenait pas en considération ses recommandations, il se réservait le droit de ne pas l'adopter le moment venu.

Après le lancement des négociations et alors que les négociateurs des deux parties avaient déjà avancé sur certaines questions clés, le parlement a adopté une autre résolution le 28 novembre 2019[33], pour rappeler ses conditions en insistant sur des aspects qui, à son avis, n'étaient pas suffisamment pris en compte, notamment le fait que l'Assemblée parlementaire paritaire doit être maintenue et se réunir au moins deux fois par an. Selon le parlement, cette demande était "non négociable", faute de quoi le futur accord ne serait pas approuvé.

Le parlement, qui avait encore insisté sur une participation accrue de la société civile, du secteur privé et des autorités locales, avait également relevé que la régionalisation ne devait pas se faire au détriment des principes généraux de l'accord. L'accent était également mis sur les références au respect de la démocratie et des libertés fondamentales, aux droits de l'homme, à la lutte contre les discriminations basées sur l'orientation ou l'identité sexuelles qui devaient être maintenues et renforcées, tout comme le mécanisme de dialogue politique. La contribution du partenariat à la réalisation des objectifs de développement durable devait également être garantie par des mécanismes solides de suivi.

La mise en garde du parlement a été encore plus claire lorsque, le 2 décembre 2020, à la veille de la réunion d'adoption politique de l'accord post-Cotonou par les négociateurs en chef des deux parties, le parlement a publié un communiqué dans lequel il réaffirmait ses positions exprimées dans les différentes résolutions ci-dessus mentionnées, mettant l'accent sur la dimension parlementaire du nouvel accord. Faute de la prise en considération d'une dimension parlementaire forte, l'accord ne serait pas approuvé par le parlement.

L'Assemblée parlementaire paritaire ACP-UE s'est alignée sur ces positions du parlement européen. Ses positions sur le partenariat post-Cotonou sont contenues dans sa résolution de décembre 2015 sur les

---

[33] Résolution du parlement européen du 28 novembre 2019 sur les négociations en cours concernant un nouvel accord de partenariat entre l'Union européenne et les pays du groupe des États d'Afrique, des Caraïbes et du Pacifique (2019/2832(RSP)).

quarante ans de partenariat[34], puis dans des déclarations en 2016[35] et 2018[36]. L'APP a salué le cadre ACP-UE comme un outil essentiel pour la compréhension mutuelle, tout en appelant à son adaptation aux ODD et en approuvant la différenciation régionale et le traitement de l'Afrique comme « une seule entité » proposés par l'UE.

Elle a défendu les caractéristiques spécifiques du fonds européen de développement – coopération dans la rédaction de documents de programmation et prévisibilité des ressources –, mais a aussi rappelé l'impératif d'une meilleure gestion des ressources publiques et la nécessité de trouver d'autres sources de financement, notamment de la part du secteur privé. L'APP souhaitait à son tour que les parlements nationaux et la société civile soient mieux impliqués lors de la préparation et la mise en œuvre du futur partenariat. En écho aux inquiétudes du parlement européen, les co-présidents de l'APP ont, en décembre 2019, exprimé leur « vive inquiétude » quant à la remise en cause de l'existence de l'APP dans le mandat de négociation de l'UE ce qui, selon eux, affaiblit ainsi la dimension parlementaire du partenariat ACP-UE.

2- Le rôle de la société civile

Il faut rappeler le rôle très actif joué par la société civile depuis la signature de l'accord de Cotonou pour assurer une participation des acteurs associatifs et des ONG au dialogue politique entre l'Union européenne et les pays ACP. Ce rôle actif a été marqué par des actions de mobilisation autour des Accords de Partenariat économique (APE) et des accords de réadmission des migrants en situation irrégulière qui étaient des points clés de l'accord de Cotonou. Au vu des actions entreprises jusqu'alors, il était nécessaire aux acteurs associatifs et ONG de travailler à garantir et renforcer une meilleure prise en compte de leurs positions dans l'accord post-Cotonou. Leur ambition était fortement soutenue par le parlement dans ses différentes résolutions sur la question.

---

[34] RESOLUTION on forty years of partnership: evaluation of the impact on trade and development in the ACP countries and prospects for enduring relations between the ACP countries and the European Union, adopted by the ACP-EU Joint Parliamentary Assembly on 9 December 2015 in Brussels (Belgium).

[35] Déclaration de l'Assemblée parlementaire paritaire ACP-UE sur la dimension parlementaire des relations ACP-UE de l'après-Cotonou (adoptée à la 32e session de l'Assemblée parlementaire paritaire ACP-UE), Nairobi, 21 décembre 2016.

[36] Déclaration des co-présidents sur les négociations post-Cotonou à l'occasion de la 15e réunion régionale de l'APP, Nairobi, 12 avril 2018.

Les organisations européennes de la société civile n'ont pas formulé de document unique contenant leur position sur l'accord post-Cotonou. Plusieurs initiatives parallèles, parfois coordonnées, ont permis à ces organisations de prendre position. Concord (Confédération européenne des ONG pour le Secours et le Développement), un consortium d'organisations non gouvernementales se consacrant au développement, a insisté sur la nécessité d'introduire dans le socle commun des références claires à d'autres engagements internationaux, notamment les ODD. Selon lui, les éléments essentiels concernant les droits de l'homme, la prévention des conflits et la lutte contre le changement climatique devaient être explicites, et les mécanismes de responsabilité clairement exposés, s'appliquant aussi aux accords de partenariats économiques. Ces organisations réclamaient également des dispositions précises et contraignantes concernant la participation de la société civile, estimant que les positions de principe de l'accord de Cotonou sur ce sujet n'ont pas eu de résultat probant.

En ce qui concerne les partenariats régionaux, les ONG approuvaient leurs grandes lignes, mais s'inquiétaient des positions trop prescriptives de la Commission européenne sur leur contenu, alors que celui-ci devrait être défini par tous les partenaires concernés au cours des négociations.

Quant à la confédération européenne des syndicats et la confédération syndicale internationale, elles souhaitaient que le nouveau partenariat promeuve le travail décent, la liberté d'association et la réduction des inégalités salariales. Pour elles, ces principes devaient être au centre des chapitres sur le commerce et l'investissement. Elles appelaient à la renégociation des accords de partenariat économique, notamment pour y introduire des dispositions contraignantes sur le droit du travail fondées sur la ratification et la mise en place effective des conventions de l'Organisation internationale du travail. Business Europe, qui regroupe des associations d'entreprises et d'employeurs européens, a jugé l'accord de Cotonou inapte à assurer le développement économique des pays ACP et à renforcer la présence des entreprises européennes sur ces marchés, et a ainsi souhaité une plus grande implication du secteur privé dans le futur partenariat et une utilisation plus accrue des fonds européens pour des aides directes au secteur privé plutôt qu'au soutien budgétaire.

La société civile ACP quant à elle a été consultée par les négociateurs ACP sur la base d'une note de concept approuvée par le comité des ambassadeurs ACP, préconisant l'organisation de consultations avec les acteurs non étatiques sur les négociations post-Cotonou. Ces consultations, qui ont mobilisé des dizaines d'acteurs non étatiques désignés par les coordonnateurs régionaux ACP, se sont déroulées à Bruxelles. Les organisations de la société civile ACP ont produit un document final non officiel censé alimenter les négociateurs ACP.

D'autres démarches moins encadrées ont vu le jour, comme celle initiée par la Concord et le Comité de la Société civile de l'Union européenne pour la Stratégie conjointe Afrique Union européenne (EU CS *Committee on the JAES*). Elle a permis à une délégation de la société civile africaine de prendre part les 16 et 17 juillet 2019 à Bruxelles à des rencontres de plaidoyer avec les institutions de l'UE et du groupe ACP.

Les organisations ACP de la société civile ont, par ailleurs, de manière autonome ou en rapport avec leurs homologues européennes, initié des actions pour exprimer leurs vues et s'assurer qu'elles sont prises en compte lors des négociations. Cela a été notamment, le cas de la plateforme des acteurs de la société civile au Bénin, de la plateforme « Les jeudis de Cotonou » du Cameroun et de l'Observatoire ouest-africain des Migrations, qui ont mené des plaidoyers à Bruxelles auprès des responsables du service européen de l'Action extérieure, de la Commission européenne, des ambassadeurs et du secrétariat du groupe ACP.

Ces consultations, menées alors que les négociations étaient déjà avancées, ont été source de satisfaction pour ces acteurs, qui se sont dits rassurés de constater que leurs acquis sont préservés dans le futur accord et que sur d'autres points, leurs préoccupations étaient prises en compte. Ils ont d'ailleurs salué la franchise et la qualité des discussions avec aussi bien les représentants du groupe ACP que ceux de l'Union européenne et se sont engagés à rester à l'écoute de l'évolution des négociations tout en continuant à envoyer leurs contributions éventuelles. Ces acteurs ont souhaité la tenue d'une consultation élargie pour faciliter l'expression des points de vue d'un large éventail d'associations et ONG à ce processus crucial pour les futures relations entre l'Union européenne et les pays d'Afrique, des Caraïbes et du Pacifique.[37] L'on peut remarquer que la consultation de la société civile ACP a été subsidiaire et est intervenue après l'adoption du mandat de négociation.

---

[37] Voir le communiqué publié le 17 juillet 2019 par l'Observatoire ouest-africain des Migrations.

Chapitre 6 :

La controverse entre l'OEACP et l'UA sur l'organisation habilitée à conduire les négociations et la forme du futur partenariat

Les démarches ayant précédé l'ouverture formelle des négociations ont particulièrement insisté sur la question de la légitimité de l'organisation appelée à conduire les négociations et de la forme future du partenariat. Si la vision de chaque acteur sur la forme du futur partenariat est en évidence dans le mandat/les directives de négociation, le débat va rebondir sur la question de l'organisation la plus légitime à conduire les négociations entre l'UA et les ACP. Ce débat nait du fait que depuis la conclusion de l'accord de Cotonou en 2000, la coopération entre l'UE et l'UA n'a cessé de se renforcer et se diversifier au point où il a été envisagé de lui donner une certaine autonomie, en concluant un instrument juridique spécifique, en le dotant d'un instrument de financement dédié et en prévoyant des institutions spécifiques pour sa gouvernance. Malgré cette évolution, l'UE a toujours privilégié le Fonds européen de Développement comme instrument unique de financement de sa coopération avec l'UA. C'est sans doute la raison pour laquelle les projets prioritaires adoptés lors du sommet d'Abidjan en 2017 n'avaient pu prospérer, faute de financements dédiés.

1- L'équilibrisme de l'UE

Le partenariat UA-UE se fonde jusque-là sur la stratégie conjointe adoptée à Lisbonne en 2007 qui n'a cependant pas un caractère contraignant. Pour de nombreux observateurs, son adoption constitue déjà un début de l'externalisation hors du cadre de Cotonou, de la coopération entre l'UE et l'Afrique[38]. Il reste encadré par l'accord de

[38] Nico Schrijver, Putting Principles into Practice: A Continued Multilateral Regime for EU-ACP Relations after the Expiration of the Cotonou Partnership Agreement in 2020, pp. 209-224. In Rethinking the EU and its global role from the 21st century

Cotonou et est financé par le FED et donc géré par les institutions prévues par ce traité. Bien que des rencontres se soient tenues au sommet, les décisions qui y sont prises restent tributaires, pour leur mise en œuvre, du mécanisme de financement de l'accord de Cotonou. La négociation de l'accord post-Cotonou apparaissait à cet égard comme une opportunité pour corriger ces lacunes.

La stratégie conjointe vise à renforcer le dialogue politique dans plusieurs domaines clés (migration, sécurité, climat et environnement) entre l'UE et l'UA par le biais de plans d'action réguliers. Après son adoption en 2007, il est devenu le nouveau cadre politique global pour les relations UE-Afrique et ses objectifs de Cotonou et la JAES affichent des objectifs similaires[39]. Mais elle ne peut remplacer le cadre de Cotonou qui se fonde sur un instrument juridique contraignant, même si dans son analyse d'impact de 2016, la commission reconnait l'incapacité de l'actuel accord de Cotonou à suivre les accords institutionnels signés avec les ACP depuis 2000.

Les deux acteurs ont accentué leur partenariat sur le plan politique et sécuritaire en instaurant un dialogue interrégional qui trouve son origine dans un dialogue politique initié au début des années 90. En effet, un dialogue politique avait déjà commencé avec l'Organisation de l'Unité africaine – OUA – en 1994, dont l'objectif était de soutenir la capacité de gestion des conflits de l'organisation alors en pleine restructuration. L'Union européenne a ainsi financé le mécanisme de prévention, de gestion et de règlement des conflits de l'OUA, son fonds pour la paix et son système d'alerte rapide.

De facto, les caractéristiques de l'accord de Cotonou qui n'a pas prévu de spécificités régionales engendrent des incohérences par rapport aux priorités et objectifs régionaux qui n'ont cessé de devenir prégnantes au fil des années. En fait, la stratégie conjointe a accordé une importance significative aux aspects politiques et au développement durable.

Liber Aicorum Mario Telo, Edited by Jean Michel De Waele, Giovani Grevi, Frederick Ponjaert, Anne Weyembergh, Editions de l'Université de Bruxelles, 2019.

[39] Camilla Adelle and Simon Lightfoot, "Africa: searching for shared issues and overcoming asymmetries" in Camilla Adelle, Katja Biedenkopf and Diarmuid Torney (eds.), *European Union External Environmental Policy. Rules, Regulation and Governance Beyond Borders*, London, Palgrave Macmillan, 2018, p. 254.

À certains égards, le cadre de Cotonou et la stratégie conjointe UE-Afrique ont fonctionné en parallèle et ont tous les deux été marqués par leur faible niveau de mise en œuvre. Un rapport du parlement européen évalue le résultat comme étant relativement médiocre[40]. Une critique générale adressée est la tendance à la « sécurisation », devenant une plateforme de discussion sur la sécurité et la migration.

En plus de la stratégie conjointe, deux autres stratégies et programmes peuvent être mentionnés. Le premier est l'agenda 2063 de l'Union africaine, l'équivalent de l'agenda 2030 de l'UE caractérisé par des objectifs larges et incitatifs[41]. La seconde est l'alliance Afrique-Europe pour l'investissement et l'emploi durables qui a été adoptée en 2018. L'alliance est principalement un partenariat qui vise à créer des emplois pour le développement et à réduire les migrations. En plus de ces cadres, l'UE a adopté des stratégies régionales spécifiques pour la corne de l'Afrique, le golfe de Guinée et le Sahel. Ces stratégies visaient à résoudre les problèmes de migration devenus plus tard sécuritaires et politiques. La relation UA-UE fait également partie de dialogues formels tels que les sommets UE-Afrique. À cela, il faut ajouter l'adhésion de certains pays africains aux politiques européennes de voisinage. La multiplicité de ces cadres de coopération rend difficile la cohérence multilatérale des politiques européennes[42].

Les sommets des chefs d'État et de Gouvernement UE-Afrique ont traditionnellement lieu tous les trois ans pour examiner les progrès accomplis dans la mise en œuvre des engagements et fournir des orientations politiques pour les travaux futurs. Le cinquième s'est tenu à Abidjan en novembre 2017 et a abouti à l'adoption d'une déclaration commune qui identifie les priorités communes pour l'avenir du partenariat Afrique-UE. Les décisions prises par le sommet ne sont pas contraignantes. La mise en œuvre du plan d'action d'Abidjan s'est heurtée à un manque de ressources. Bien que très importante au niveau

---

[40] European Parliament Directorate-General for External Policies of the Union, *The Joint Africa-EU Strategy*, *op. cit.*, p. 30.

[41] African Union, *Agenda 2063. The Africa we want*, African Union Commission, popular edition, 2015.

[42] Gauthier Schefer, Post Cotonou and EU-African relationship. A green light for a renew cooperation ? College of Europe, Bruges Political Research Paper, 77/2019.

politique, la coopération de continent à continent souffre donc d'un déficit de mise en œuvre, car elle est peu ou pas formalisée.

La nouvelle commission Von der Leyen, dès son entrée en fonction, s'est engagée dans une série de consultations, y compris avec la commission de l'UA, pour l'adoption d'une stratégie globale avec l'Afrique[43]. Les négociations correspondantes se déroulaient en parallèle avec celle visant à conclure l'accord post-Cotonou. La négociation de l'accord post-Cotonou était censée être l'occasion de s'émanciper du cadre UE-ACP et de renforcer ses partenariats avec les régions, en particulier l'Union africaine.

La position de l'UE, qui apparait dans ses directives de négociation, est le résultat de négociations difficiles au sein du conseil sur le maintien ou non de la structure unitaire qui a prévalu jusque-là. Finalement, le mandat de l'UE adopté le 22 juin 2018 va s'écarter considérablement du cadre initial de Cotonou tout en maintenant la relation ACP-UE au centre de la négociation.

Les directives de négociations de l'UE prévoient que l'accord comprendra une base commune pour les trois régions d'Afrique, des Caraïbes et du Pacifique et des piliers régionaux spécifiques pour chacune. Il affirme clairement le principe selon lequel le centre de gravité de la coopération sera orienté vers les régions. Par conséquent, la fondation ne rappellera que les principes généraux de la coopération, tandis que les aspects opérationnels et substantiels seront contenus dans les protocoles régionaux.

Au cours des négociations pour l'adoption des directives européennes, plusieurs États membres ont estimé que le cadre de Cotonou devait être complètement supprimé, c'est-à-dire qu'il fallait dissoudre le secrétariat ACP et donc le groupe ACP, et établir des relations directes avec les régions. D'autres ont privilégié une formule mixte, ce qui accentue le processus d'externalisation dont nous avons parlé plus haut. Cette position de compromis a finalement prévalu.[44]

---

[43] Voir "Joint communication to the European Parliament and the Council. Towards a comprehensive Strategy with Africa". https://ec.europa.eu/international-partnerships/system/files/communication-eu-africa-strategy-join-2020-4-final_en.pdf

[44] Geert Laporte, "The ACP group and the African Union in the post-Cotonou negotiations: Survival of the fittest?", *ECDPM blog*, 25 June 2018, retrieved 17 April

2- La position de l'Union africaine

Pour l'UA, les négociations post-Cotonou offraient à l'Afrique l'occasion de prendre les rênes et de négocier un nouveau partenariat politique avec l'UE qui sert les intérêts de l'Afrique (par l'intermédiaire de l'Union africaine), tout en permettant une participation active aux affaires mondiales. Quatre grands arguments sont mis en évidence[45]. Dans un premier temps, l'UA affirme que le cadre ACP-UE ne suffit plus à lui seul pour défendre les intérêts de l'Afrique et s'engager avec l'Europe au-delà de 2020. En remarquant qu'elle n'est pas actuellement associée à la gouvernance de l'accord de Cotonou, elle regrette que le groupe ACP n'ait jamais vraiment agi en tant que collectif pour faire face aux défis mondiaux. Même si la préservation des ACP en tant que cadre global peut, néanmoins, être considérée comme acceptable si elle ne réduit pas les capacités de l'Afrique à défendre ses propres intérêts de manière autonome, l'UA constate que dans la pratique, l'Afrique et l'Europe travaillent déjà ensemble sur une multitude d'intérêts et de défis communs à différents niveaux, sans la participation des pays ACP.

En second lieu, l'organisation panafricaine constate que les États africains peuvent mieux défendre leurs intérêts bilatéraux, régionaux et continentaux vis-à-vis de l'Europe en travaillant par le biais d'une organisation africaine dotée d'une légitimité incontestable au niveau des chefs d'État et de gouvernement. Dans ce registre, elle soutient qu'un nouvel accord de continent à continent entre l'UE et l'UA renforcerait la position politique de l'Afrique pour négocier un type différent d'accords sur des dossiers importants tels que la migration ou le commerce. En soutien à cet argument, elle relève que ses structures sont capables de se mobiliser régulièrement au niveau des chefs d'État, avec un poids politique plus important en Europe que la structure ACP.

Troisièmement, il s'agit de faire en sorte que le rôle central et la légitimité des institutions africaines (aux niveaux continental et régional) soient reconnus par l'UE. Depuis 2000, l'Afrique a mis en place son architecture institutionnelle aux niveaux continental et régional et développé un nombre croissant de cadres politiques

---

2019, https://ecdpm.org/talking-points/acp-group- african-union-post-Cotonou-negotiations-survival-fittest/

[45] Le président de la commission de l'Union africaine Moussa Faki Mahamat a exprimé ces éléments dans son adresse à la réunion extraordinaire du conseil exécutif élargie aux ministres chargés des ACP et/ou des relations avec l'Union européenne sur la négociation d'un nouvel accord de coopération post-2020. www.au.int.

continentaux, notamment l'agenda 2063 ; avec la négociation de l'accord post-Cotonou, le moment semblait donc venu d'utiliser cette architecture d'institutions de plus en plus matures et légitimes pour trouver un accord plus pertinent, sans reproduire le format ACP jugé caduc.

Enfin, l'UA soutenait qu'une stratégie de financement plus efficace, cohérente et commune devait sous-tendre le nouveau partenariat politique avec l'UE. La nouvelle stratégie de financement devait tenir compte des besoins spécifiques des différents pays africains en matière de coopération au développement (PMA, États fragiles, petites îles, pays à revenu intermédiaire, etc.), respecter les dispositions actuelles des différents accords (par exemple vers l'Afrique du Nord / l'Afrique du Sud)[46].

La discorde entre l'Union africaine et les ACP s'est manifestée ouvertement au plan politique, à plusieurs occasions. La 18e session extraordinaire du conseil exécutif de l'UA tenue à Kigali en mars 2018, a décidé de négocier un cadre de coopération unique d'union à union/de continent à continent, indépendamment du cadre ACP - UE. L'UA a proposé le comité des représentants permanents comme chefs de file des négociations pour l'Afrique. Cette position commune a été subséquemment enrichie lors d'une réunion tenue à Addis-Abeba en mai 2018.

L'organisation africaine indiquait que la position commune adoptée visait à définir un cadre de politique de coopération unique, solide et durable en s'appuyant sur les valeurs, les intérêts et les aspirations qui unissent les deux continents, de manière à ce qu'ils puissent tous deux participer activement aux affaires mondiales.[47] Les décisions du conseil exécutif de l'UA étaient censées refléter la volonté sincère des pays africains et des institutions légitimes de prendre leur destin en main et de ne pas compromettre, de quelque manière que ce soit, leur solidarité de longue date avec les États des Caraïbes et du Pacifique.

Cette démarche de l'UA était motivée, selon certains observateurs, par une période de réformes internes et de transition des deux côtés de la Méditerranée. En Afrique, c'est l'exemple de la signature le 21 mars

---

[46] Sur la pertinence de la conclusion d'un accord spécifique UA-UE, voir « PRÉPARER LES RELATIONS ENTRE L'AFRIQUE ET L'EUROPE APRÈS 2020 », Rapport du haut représentant de l'UA sur le post-Cotonou, www.au.int.
[47] Communiqué UA.

2018 de l'accord sur la Zone de Libre-Échange continentale (ZLECA) par 44 États africains.

Le nouvel accord devait acter une indépendance vis-à-vis du contexte de l'ACP et promouvoir un partenariat solide et durable au niveau continental en réaffirmant l'interdépendance entre les continents africain et européen et en instaurant un dialogue politique moderne dans un esprit d'égalité, d'équité, de respect mutuel et la responsabilité partagée des deux continents.[48]

3- L'approche conservatrice de l'Organisation des États d'Afrique, des Caraïbes et du Pacifique

Du côté du groupe des États ACP, plusieurs arguments ont été avancés pour expliquer la « prorogation linéaire » de l'accord de Cotonou. Agir en tant que bloc renforcerait plus la position de négociation des ACP, comparativement aux négociations par trois blocs régionaux. Selon ces arguments, les ACP devaient assurer :

- La continuité et la stabilité, étant donné que la coopération post-2020 devrait se poursuivre suivant des voies, des canaux, des procédures et des pratiques éprouvés. Une révision de tout ce système serait coûteuse et risquée. Dans la même logique, le secrétariat des ACP estimait que contrairement à l'UA, il disposait depuis longtemps d'une « capacité de gestion », notamment pour gérer l'aide de l'UE.
- La prévisibilité des ressources ; le groupe ACP plaidait pour le maintien d'un « modèle unique de coopération au développement Nord-Sud » avec l'UE, garantissant ainsi aux pays tributaires de l'aide, un accès privilégié à l'aide au développement de l'UE (de préférence par le biais d'un nouveau fonds de développement post-2020).
- Le rôle de protagonistes des pays au détriment des organismes régionaux. Conformément à sa genèse, le groupe ACP optait pour la continuité du système de gouvernance et de coopération régi par l'État. Il ne prévoyait pas de rôle politique explicite pour l'UA ou les communautés économiques régionales, à l'exception des domaines où l'UA jouissait d'une légitimité établie et d'une valeur ajoutée (paix et sécurité par exemple).

---

[48] Carlos Lopez.

- L'influence politique au niveau des fora multilatéraux ; le groupe ACP soutenait qu'il deviendrait un « acteur mondial influent dans le système multilatéral ». Cela, à son tour, devrait intéresser l'UE dans un monde où le multilatéralisme est menacé. Une coalition de 79 États répartis entre trois régions représenterait un allié objectif pour l'UE, capable de tirer parti de ses forces politiques et numériques combinées dans la mesure où l'UE et les ACP représentent ensemble plus de la moitié des pays du monde.[49]

Sans tenir compte de cette décision des chefs d'État de l'UA adoptée à Kigali, la réunion ministérielle des ACP qui a eu lieu à Lomé en mai 2018 a adopté le mandat de négociation du groupe, mettant ainsi à jour les différences d'approches entre les deux acteurs quant à la nature du futur partenariat avec l'Union européenne. Lors de la réunion ministérielle ACP de Lomé, la présidente du conseil exécutif de l'UA, qui souhaitait expliquer la position commune et défendre la position de l'organisation continentale, n'a pu prendre la parole[50].

En effet, l'UA avait participé à la réunion consultative avec les organisations régionales et continentales organisée par les ACP dans le cadre de négociations du groupe ACP pour un accord post-Cotonou avec l'UE et qui s'est tenue à Lomé, au Togo, le 26 mai 2018. La réunion, qui avait rassemblé les organisations régionales ACP, avait discuté du mandat de négociations des pays ACP. Lors de la réunion du 26 mai 2018, la délégation de l'UA avait présenté la position africaine. Malgré le soutien exprimé par certaines organisations régionales africaines telles que la SADC, le COMESA, l'IGAD et la Commission de l'Océan indien, certaines délégations ont pris la parole pour recommander l'adhésion à la structure ACP.

Par la suite, le président du conseil exécutif de l'UA a rencontré les membres du Conseil des ministres ACP, présidé alors par le ministre jamaïcain des Affaires étrangères, pour expliquer la position africaine commune et demander un créneau horaire pour la présenter au Conseil des ministres ACP le 27 mai 2018. Cependant, selon le président du

[49] Voir le mandat de négociations ACP.

[50] Le président de la commission de l'UA mentionne cet incident dans son discours à l'occasion la réunion extraordinaire du conseil exécutif élargie aux ministres chargés des ACP et/ou des relations avec l'Union européenne sur la négociation d'un nouvel accord de coopération post-2020, à Addis-Abeba le 14 septembre 2018.

Conseil des ministres ACP, il n'y a pas eu de consensus du côté africain pour permettre au président du conseil exécutif de l'UA de présenter la position.[51] Comme prévu, le Conseil des ministres ACP, lors de cette réunion, a adopté son mandat de négociations. La réunion a également choisi le Togo pour mener les négociations au nom des ACP.

Malgré cette évolution, le 31e sommet de l'Union africaine qui s'est tenu à Nouakchott en juillet 2018 a réaffirmé la nécessité d'œuvrer en faveur d'un accord post-Cotonou entre l'Union africaine et l'Union européenne, lequel traite l'Afrique comme une entité une et indivisible, tout en préservant les intérêts spécifiques de chaque région et de chaque pays. Dans le même temps, le sommet a reconnu la nécessité de poursuivre les consultations afin de consolider la position commune, appelant à cet effet au report du commencement des négociations.

C'est dans le cadre du suivi de cette décision que le président de la commission a écrit au président de la Commission européenne et au secrétaire général des ACP pour transmettre la demande de report du commencement des négociations, jusqu'à ce que l'Afrique finalise son processus consultatif. Il a, dans la foulée, nommé son haut représentant, M. Carlos Lopes, qui a initié des consultations avec différents acteurs, aux fins d'aider à consolider le consensus africain sur le partenariat avec l'Union européenne post-2020. La Commission économique des Nations Unies pour l'Afrique devait apporter un appui technique au haut représentant dans l'accomplissement de sa mission. Le groupe ACP a réservé à cette requête une fin de non-recevoir, excipant de l'impossibilité d'un report au regard de l'article 95-4 de l'accord de Cotonou.[52]

De guerre lasse, face à la détermination du groupe OEACP, l'UA a admis que les négociations pour la conclusion d'un accord post-

---

[51] Ces tractations sont rapportées par le président de la commission de l'UA dans le rapport qu'il fait aux Chefs d'États lors du sommet de Nouakchott. Assembly/AU/5(XXXI), REPORT BY CHAIRPERSON MOUSSA FAKI MAHAMAT ON THE AFRICAN COMMON POSITION ON THE ACP, POST-2020.

[52] En effet, dès réception de la requête de la commission de l'UA, le secrétariat ACP en avait informé le comité des ambassadeurs à Bruxelles et envisagé d'organiser une réunion extraordinaire informelle du bureau du comité des ambassadeurs. Certains États membres, notamment d'Afrique de l'Ouest, avaient alors ouvertement contesté la démarche du secrétariat, estimant qu'elle n'avait pas d'assise juridique et qu'elle violait l'identité institutionnelle du groupe ACP.

Cotonou seront menées par le secrétariat ACP qui pourrait solliciter l'assistance technique de l'UA sur des questions touchant au continent africain. Cette décision a été adoptée lors de la onzième session extraordinaire de la conférence des chefs d'État de l'UA tenue à Addis-Abeba les 17 et 18 décembre 2020[53]. Les chefs d'État de l'UA ont décidé que :

- Les négociations ACP-UE post-Cotonou doivent se poursuivre dans le cadre du mandat convenu par les parties. La commission de l'UA devrait fournir, si nécessaire, un soutien technique aux membres africains de l'équipe de négociation ACP ;
- Le partenariat de continent à continent UA-UE après 2020 doit se poursuivre sur la base de la stratégie conjointe Afrique-UE adoptée à Lisbonne en décembre 2007 et de la déclaration du sommet UA-UE tenu à Abidjan en novembre 2017, afin de faire progresser l'agenda 2063 et ses priorités relatives, entre autres, à la paix et à la sécurité, au développement, à la zone de libre-échange continentale africaine, aux migrations et au climat.

La décision oppose la coopération UE-ACP, sous la responsabilité du secrétariat ACP, à la stratégie conjointe UE-Afrique qui est sous la responsabilité de l'UA. L'objectif de l'UE était précisément de joindre ces deux cadres, de les rendre cohérents en garantissant la primauté du second sur le premier.[54] Si la décision de l'UA était réaliste, elle soulevait la question de la cohérence et de l'efficacité des politiques européennes dans ses relations avec l'Afrique. Plus précisément, les priorités de la stratégie conjointe UE/Afrique qui se veut parallèle aux négociations de l'accord post-Cotonou sont les mêmes que celles contenues dans le protocole régional africain.

La position commune africaine a donc été adoptée alors qu'elle n'avait pas d'assise solide dans cette UA aux multiples facettes. Au bout du compte, il n'aura pas été possible de définir les paramètres de cet ambitieux programme, faute de dynamique africaine suffisante et à cause de l'opposition d'un groupe important d'États membres de l'UA, dont certains pays nord-africains. En plus, force est de constater que l'UA semblait perdre de vue le fait que ses décisions ne peuvent

---

[53] Voir African Union, Ext/Assembly/AU/Dec.4(XI).

[54] Alfonso Medinilla and Jean Bossuyt, "Africa-EU relations and post-Cotonou: African collective action or further fragmentation of partnerships?", *ECDPM*, Briefing Note no. 110.

s'imposer à l'OEACP, dont plusieurs membres ne font pas partie de l'UA, tout comme plusieurs membres de l'UA coopèrent avec l'UE à travers des cadres de coopération spécifique, dont la politique de voisinage. Du coup, le sommet de Nouakchott n'est pas parvenu à dégager de consensus sur la marche à suivre pour appliquer l'approche de continent à continent préconisée dans la position commune africaine.

Pour finir, le groupe ACP est resté le négociateur de tout l'accord, y compris du protocole régional africain ; l'UA, qui n'y a été admise qu'en qualité d'observateur, a accepté de fournir un soutien technique aux ACP. Pour autant, elle n'a pas directement participé aux négociations de la fondation, mais uniquement à la rédaction du pilier africain. En pratique, cette participation est restée très limitée, le haut représentant désigné par le président de la commission n'ayant participé à aucune réunion des instances préparatoires ACP ou des sessions de négociations ACP/UE.

Si les États africains ont préféré donner à l'OEACP la responsabilité de conduire les négociations plutôt qu'à l'UA, ce serait en raison de leur réticence à donner davantage de responsabilités à cette institution, préférant ainsi une agence dont la surface et le poids politique sont moins grands. La reconnaissance de la structure ACP en tant que partenaire de négociation pour l'Afrique serait, à cet égard, une continuation d'un héritage historique qui ancre la négociation post-Cotonou dans une longue relation d'asymétrie.

Les pays d'Afrique du Nord n'ont pas été favorables à l'approche de continent à continent, laquelle ne leur convient guère. Ils ne voulaient pas renoncer au cadre privilégié de leur coopération avec l'UE, ancrée dans la politique de voisinage. Pour eux, le cadre ACP-UE n'a aucune valeur ajoutée. Le statu quo leur paraissait un pari plus sûr qu'un accord global de continent à continent, quel que soit le cadre diplomatique dans lequel il serait conclu.[55]

En tout état de cause, en dépit de sa volonté de renouveler le partenariat avec le partenaire européen, la prétention de l'UA de conduire les négociations post-Cotonou était pour le moins irréaliste, tant cela impliquait une déconstruction complète de la relation historique existant depuis plusieurs décennies. Cette position recelait

[55] De Groof Emmanuel et Bossuyt Jean, L'approche de continent à continent ne fait pas recette- Messages contradictoires des deux rives et aucun enthousiasme en Afrique du nord, ECDPM, DOCUMENT DE RÉFLEXION N° 25, mai 2019.

d'ailleurs une profonde contradiction, si l'on prend en compte le fait que le continent africain est une réalité plurielle sur tous les plans, en particulier dans sa relation avec l'UE.

Cet épisode a mis en évidence une sorte d'incohérence dans les positions de certains États africains dont les délégations ne délivraient pas toujours le même message, selon qu'elles s'exprimaient dans le contexte de l'UA ou des ACP. Plusieurs ambassadeurs africains à Bruxelles défendaient le cadre ACP alors que leurs collègues qui se trouvaient à Addis-Abeba défendaient les ambitions de l'UA. Il est même arrivé que certains ministres africains soutiennent des positions différentes de celles de leurs ambassadeurs à Addis-Abeba ou à Bruxelles. Cette querelle a eu des conséquences sur le processus de négociations.

PARTIE 3 :

LA NÉGOCIATION DE L'ACCORD DE SAMOA

Chapitre 7 :

Présentation et analyse comparée des mandats de négociations et processus de consultation des parties

Le mandat de négociations ACP a été adopté le 30 mai 2018 à Lomé par la 107e session du Conseil des ministres, tandis que les directives de négociations UE ont été adoptées le 22 juin par le Conseil.[56]

1- Esprit, structure et contenu du mandat de négociations ACP

Le mandat de négociations ACP définit les principes fondamentaux, l'approche commune et le cadre politique qui ont sous-tendu la préparation et le déroulement du processus de négociations en vue d'un nouvel accord. Il reflète tous les processus transformationnels qui se sont déroulés au sein de cette organisation (voir chapitre 3 du présent ouvrage) et s'inspire des principaux documents ci-après, desquels sont extraits les principes directeurs qui vont guider les négociations :

- L'accord de Georgetown, en cours de révision ;
- L'accord de Cotonou ;
- Le rapport du groupe de travail sur les perspectives d'avenir du groupe ACP ;
- Les déclarations de Sipopo et de Port Moresby et le communiqué de Waigari qui réaffirment avec force que l'unité et la solidarité entre les États ACP assureront l'avenir du groupe dans un monde en mutation ;
- Le document-cadre d'orientation intitulé « Vers les ACP que nous voulons » ;

---

[56] Doc ACP/00/011/18 FINAL Mandat de négociations ACP sur un accord de partenariat post-Cotonou avec l'Union européenne, adopté le 30 mai 2018 par la 107e session du Conseil des ministres ACP tenue à Lomé (Togo).

- Le rapport du groupe des éminentes personnalités, présidé par le Président OBASANJO ;
- La décision de la 105e session du Conseil des ministres ACP de mai 2017 relative aux trois piliers stratégiques sur lesquels doit reposer l'accord post-Cotonou.

Ce mandat est donc le fruit d'une maturation qui a doté l'organisation, alors en pleine mutation, d'un instrument de négociations centré sur ses intérêts et objectifs en cohérence avec ses différents chantiers de réformes. L'adoption, un an plus tard, de l'accord de Georgetown révisé, viendra parachever ce processus. Il se fonde également sur une analyse pertinente du contexte actuel de la coopération entre l'UE et les ACP et sur les différentes évolutions majeures intervenues sur la scène internationale. Les principaux constats contextuels qui ont guidé les positions adoptées par le groupe sont nombreux.

- En effet, les réalités économiques et géopolitiques actuelles sont radicalement différentes de celles qui prévalaient en 1975, au moment de la signature de la première convention de Lomé entre les neuf États membres de la CEE d'alors et les 46 pays d'Afrique, des Caraïbes et du Pacifique. Depuis lors, le nombre des membres est en effet passé à 79 pays pour le groupe ACP et à 28 pour l'UE[57]. Les nouveaux États membres (d'un côté comme de l'autre) sont arrivés avec leurs propres priorités.
- De plus, bien que de nombreux États membres ACP figurent désormais dans la catégorie des pays à revenu intermédiaire, ils restent confrontés à des défis structurels majeurs liés à la pauvreté, au sous-développement et à la vulnérabilité croissante qui affectent également les pays moins avancés. Tous les pays ACP ont donc un dénominateur commun : leur objectif partagé de développement économique durable au bénéfice de leurs populations.
- Par ailleurs, les États membres ayant adhéré plus récemment à l'UE n'entretiennent pas avec les pays ACP les mêmes liens historiques et les mêmes relations économiques et commerciales étroites que les membres fondateurs de la CEE.

[57] Au moment l'adoption de ce mandat de négociations, la Grande-Bretagne est encore État membre de l'UE.

- Aussi, le retrait du Royaume-Uni de l'UE aura un impact multiforme sur les futures relations.
- Les relations entre les différents pays ACP et entre les pays ACP et le reste du monde ont profondément changé. Une importance croissante est accordée à la coopération Sud-Sud et à l'intégration régionale et les pays ACP entretiennent des relations plus directes avec des puissances mondiales émergentes.
- Le multilatéralisme apparait comme le meilleur cadre pour faire face aux défis de la pauvreté et du sous-développement.
- À l'échelle mondiale, les priorités de développement ne cessent d'évoluer et les objectifs du millénaire pour le développement (OMD) définis par les Nations Unies ont fait place au Programme des Nations Unies pour le développement à l'horizon 2030 et aux objectifs de développement durable (ODD).
- L'intérêt international pour l'Afrique s'est accru. En raison de ses vastes ressources naturelles, de sa biodiversité et de son potentiel de croissance, l'Afrique est devenue le continent de prédilection pour la plupart des investisseurs.
- L'évolution des relations économiques et de pouvoir au niveau mondial a ouvert de nouvelles possibilités de commerce, d'investissements et de marchés et a ainsi suscité une concurrence accrue pour les ressources ACP.
- L'autonomisation des femmes et l'égalité homme-femme font partie intégrante des mesures permettant de réaliser la croissance inclusive et durable.

L'analyse contextuelle laisse apparaitre que le groupe a pris conscience des enjeux et est loin d'une position figée comme l'ont prétendu certaines analyses. Dès lors, il apparait clairement que la négociation de l'accord post-Cotonou n'est pas envisagée par les négociateurs OEACP comme un exercice leur permettant de reproduire le statu quo ante, mais plutôt comme une opportunité à saisir pour s'arrimer aux défis nouveaux, tout en préservant les objectifs essentiels que sont l'unité et la solidarité du groupe, en vue de permettre le développement économique des États membres et de lutter contre la pauvreté.

Ceci apparait dans le principal objectif de l'accord post-Cotonou qui, suivant le mandat de négociation, sera de contribuer à la réalisation du développement durable dans tous les pays ACP, à travers un partenariat économique et politique renforcé et approfondi avec l'UE dans le cadre pour lequel le groupe ACP jouera son rôle en tant qu'acteur plus efficace sur la scène internationale.

Le mandat ACP comporte neuf chapitres structurés comme suit :

- Contexte ;
- Principes directeurs ;
- Objectifs ;
- Thèmes transversaux ;
- Piliers thématiques stratégiques ;
- Dispositions relatives aux PMD, PDSL, PIED, PRI ET PRIFE ;
- Parties/Acteurs ;
- Cadre institutionnel ;
- Dispositions finales.

Les trois piliers stratégiques sont organisés comme suit :

- Pilier I : Commerce, investissement, industrialisation et services ;
- Pilier II : Coopération au développement, technologie, science, innovation et recherche ;
- Pilier III : Dialogue politique et plaidoyer.

Les négociateurs ACP avaient prévu que l'accord post-Cotonou comprendrait un « socle thématique de base », à savoir un contexte comportant un préambule qui expose les réalités mondiales, continentales, régionales et géopolitiques et un certain nombre de principes directeurs et thèmes transversaux dont sont issus les « trois piliers stratégiques » qui constituent, en tant qu'ensemble systémique, les instruments et les moteurs de développement durable dans les États membres ACP.

Selon ce texte, les objectifs spécifiques sous-tendant l'accord post-Cotonou nécessitaient :

- l'alignement sur le Programme de développement durable à l'horizon 2030 et ses 17 objectifs de développement durable en tant que cadre global de développement et la prise en compte des résultats des grandes conférences et des sommets des Nations

Unies, notamment le programme d'action d'Addis-Abeba, l'accord de Paris sur le changement climatique et la déclaration des Nations Unies relative au droit au développement ;

- la prise en compte de programmes continentaux et régionaux tels que le programme 2063 en Afrique ;
- l'approfondissement et l'élargissement de l'intégration et de la coopération régionales.

L'accent est mis sur des questions telles que la démocratie, la paix et la sécurité, l'appui au multilatéralisme, le développement du secteur privé, la formulation et la mise en œuvre des politiques avec la participation des parlements des États ACP, des organisations régionales et de l'Union africaine ; les autorités locales décentralisées, les acteurs non étatiques ; l'autonomisation des femmes et des jeunes et la promotion de la coopération culturelle[58].

Les autres objectifs du nouvel accord selon le mandat ACP devraient être : la promotion de l'intégration régionale ; le respect des principes de subsidiarité, de complémentarité et de proportionnalité à l'égard des organisations régionales et continentales ; la préservation du caractère géographique et géopolitique du groupe ACP ; le dialogue politique et le plaidoyer sous diverses formes, notamment politique, économique, sociale et culturelle.

L'insistance portée sur la préservation de l'unité du groupe OEACP traduit la volonté des négociateurs de faire échec à ce qui avait été identifié alors comme une menace face au risque de dislocation du groupe, l'UE ayant clairement une préférence pour une approche régionale différenciée.

Le mandat ACP préconise que le nouvel accord soit doté d'un mécanisme financier pluriannuel spécifique sous la forme d'un protocole financier renouvelable tous les sept ans, de façon à coïncider avec la durée du cadre financier pluriannuel de l'Union européenne. Très clairement, le groupe ACP est favorable à la valorisation des acquis de la coopération pour le financement du développement et préconise le maintien du FED en tant que principal instrument financier

[58] Voir chapitre 2 : « Les acteurs du partenariat », Accord de Cotonou révisé en 2010, pages 19-21.

de la coopération au développement ACP-UE en insistant sur le fait qu'il soit géré en dehors du budget général de l'UE.

Le mandat ACP comportait par ailleurs neuf thèmes transversaux permettant de comprendre des problématiques qui constituent chacune un ODD en soi, par exemple l'égalité entre les femmes et les hommes (ODD 5) ou les océans et les mers (ODD 14). Ces thèmes transversaux couvrent tous les domaines de développement et renforcent tous les autres buts ou objectifs de développement, en plus d'avoir un caractère et un impact multidimensionnels et transfrontaliers[59].

Au plan institutionnel, si le mandat ne propose pas une architecture détaillée, il insiste sur le rôle des institutions conjointes au niveau ministériel et préconise le renforcement des institutions aux niveaux régional et continental pour ce qui est notamment du processus décisionnel et du niveau de représentation pendant la mise en œuvre. Dans l'esprit du mandat, le cadre institutionnel de l'accord de Cotonou devait prévaloir, moyennant des améliorations. Le mandat se contente de préciser que la conception du cadre institutionnel devra tenir compte de « l'asymétrie institutionnelle entre le groupe ACP et l'UE afin d'assurer des niveaux appropriés de représentation et de pouvoir ».

S'agissant des acteurs du partenariat, les négociateurs ont opté pour une approche conservatrice, étato centrée. Pour le mandat ACP, les États ACP et l'UE devaient rester les seuls acteurs du futur partenariat. Il est simplement prévu que le partenariat « pourrait tenir compte d'autres acteurs susceptibles de jouer un rôle important dans la mise en œuvre du nouvel accord tels que, par exemple, les organisations continentales et régionales et les acteurs non étatiques, notamment ceux visés à l'article 6 de l'accord de partenariat de Cotonou »[60].

---

[59] Paragraphe 22 du mandat de négociations ACP.

[60] L'article 6 de l'accord de Cotonou définit les acteurs qui comprennent : les autorités publiques (locales, nationales et régionales) ; les acteurs non étatiques, notamment le secteur privé, les partenaires économiques et sociaux, y compris les organisations syndicales, la société civile sous toutes ses formes selon les caractéristiques nationales. Le paragraphe 2 de cet article prévoit que la reconnaissance par les parties des acteurs non-gouvernementaux dépend de la manière dont ils répondent aux besoins de la population, de leurs compétences spécifiques et du caractère démocratique et transparent de leurs modes d'organisation et de gestion.
En se référant à cette disposition, les négociateurs ACP entendaient faire échec à la volonté de l'UE d'inclure de manière plus active les acteurs non gouvernementaux

Au demeurant, le mandat de négociations ACP n'a pas été aussi détaillé que les directives de négociations européennes. Il a fixé le cadre, les principes et objectifs ainsi que les domaines de la coopération. Il a dessiné les grandes lignes des acteurs du partenariat et du cadre institutionnel et pris position sur le financement du développement. Selon ce mandat, le futur accord devra être juridiquement contraignant, de longue durée, et inclura des objectifs concrets, des principes et des modalités pour la conclusion d'accords spécifiques et régionaux futurs, prévoyant notamment des révisions périodiques à la demande de l'une ou l'autre partie ; et des protocoles financiers tous les sept ans, conformément au cadre financier pluriannuel de l'Union européenne. Pour son entrée en vigueur, afin d'éviter un retard dans sa mise en œuvre, le mandat ACP a préconisé que sa ratification par les deux tiers des États ACP suffise à déclencher l'application des dispositions du nouvel accord et que les parties s'imposent un calendrier ne dépassant pas douze mois pour mener rapidement à bien les formalités constitutionnelles de ratification.

Force est de constater que si plusieurs de ces points figurent dans l'accord de Samoa, plusieurs éléments pourtant essentiels pour le groupe ACP ne seront pas retenus au terme des sessions de négociations.

2- Les directives de négociations de l'UE

Les directives de l'UE indiquent que le futur partenariat avec les pays ACP doit être conçu de façon à tirer profit des atouts de la coopération de longue date entre les deux parties selon une approche axée davantage sur les régions. La structure préconisée est composée d'un socle commun applicable à tous les membres du partenariat et reposant sur des principes communs et les objectifs généraux de la coopération ACP-UE d'une part, et de trois partenariats régionaux, d'autre part.

Le socle commun présente d'abord des objectifs et principes généraux conformes aux normes communément admises qui régissent les relations extérieures et la coopération internationale de l'UE. Ces objectifs et principes sont notamment le soutien au multilatéralisme, l'égalité entre les femmes et les hommes, l'adoption de l'approche

parmi les acteurs de la coopération. L'on peut constater que le texte final de l'accord a profondément modifié les acteurs du partenariat en donnant aux acteurs non gouvernementaux un rôle plus important dans la mise en œuvre.

associant de multiples acteurs, la complémentarité et la subsidiarité, les responsabilités mutuelles, le contrôle et le suivi de la mise en œuvre, le dialogue politique et la cohérence des politiques au service du développement. Le socle commun prévoit également des dispositions relatives aux moyens de financement du partenariat par le biais notamment d'une coopération au développement efficace et d'engagements financiers, et propose un nouveau cadre institutionnel. Il comporte trois parties.

La première partie sur les dispositions communes se compose de quatre titres. Le titre I formule les objectifs, reconfirmant ceux de Cotonou et mettant l'accent sur certains nouveaux objectifs, notamment celui de favoriser la résilience des États et des sociétés, de transformer la migration et la mobilité en opportunités, de lutter contre le changement climatique et de promouvoir l'énergie durable. Le titre II formule les principes sur lesquels le système de coopération juridiquement contraignant sera construit. Il s'agit notamment de l'égalité, de la non-discrimination, de la solidarité, de la réciprocité, de la responsabilité et du respect mutuel ainsi que du multilatéralisme, des approches multipartites, de la complémentarité et de la subsidiarité et de la responsabilité mutuelle. Le titre III traite de l'engagement en faveur du dialogue politique de manière régulière, flexible et sur mesure et au niveau approprié, y compris au niveau national, régional, continental ou pan-ACP. Le titre IV incorpore la justification et les contours du principe de cohérence des politiques pour le développement, soulignant la nécessité d'une approche intégrée afin de contribuer à la réalisation des objectifs de développement durable tant au niveau national qu'international.

La deuxième partie identifie les six priorités stratégiques suivantes :

- Droits de l'homme, principes démocratiques, États de droit et bonne gouvernance ;
- Développement humain et dignité ;
- Développement économique durable et inclusif ;
- Durabilité environnementale, changement climatique et gestion durable des ressources naturelles ;
- Paix, sécurité et justice ;
- Migration et mobilité.

Certaines de ces priorités stratégiques s'appuient sur les dispositions de l'accord de Cotonou, mais d'autres ont été profondément modifiées, sans doute pour tenir compte de l'évolution de l'environnement mondial, notamment l'adoption du programme 2030. En matière de migration par exemple, la directive européenne préconise une approche fondée sur les droits et met en évidence les aspects bénéfiques d'une migration bien gérée, tout en appelant également les pays partenaires à mettre en place des mécanismes plus efficaces pour les politiques de retour et de réadmission. La section sur le changement climatique reflète les engagements de l'accord de Paris sur le climat et des objectifs de développement durable. En outre, la section sur le développement durable inclusif met l'accent sur les investissements directs étrangers et le développement du secteur privé visant à générer de nouvelles opportunités et de meilleurs emplois pour tous.

La troisième partie, qui porte sur la coopération internationale, réaffirme l'engagement des parties en faveur d'un ordre mondial fondé sur des règles avec le multilatéralisme comme principe clé. Une coopération et une coordination plus étroite entre les parties dans les enceintes et sur les initiatives mondiales pertinentes sont également préconisées. Dans l'esprit de l'article 21 du traité FUE, il s'agit d'ancrer les principaux objectifs mondiaux de paix et de justice, de prospérité, de développement durable et de protection durable des biens communs mondiaux.

La dernière partie – les dispositions finales – aborde des aspects tels que l'application territoriale, l'entrée en vigueur, la durée, la résiliation et la révision, l'exécution des obligations, le règlement des différends, l'adhésion et le statut d'observateur.

Les partenariats proposés – un pour l'Afrique, un pour les Caraïbes et un pour le Pacifique – ont été conçus pour guider la mise en œuvre efficace du nouvel accord sur la base de priorités et de mécanismes de gouvernance spécifiques et constituent les priorités de l'UE en matière de dialogue et d'action politique.

Les APE devront rester en vigueur même après l'expiration de l'accord de Cotonou en 2020. L'UE considère que ces accords joueront un rôle accru dans le partenariat post-Cotonou. Comme indiqué dans ses directives, la coopération commerciale réaffirme ses engagements en faveur de la promotion du commerce et des investissements, du renforcement du cadre de l'OMC et de la possibilité d'élargir et d'approfondir les APE, le cas échéant, conformément aux clauses de rendez-vous. Plus particulièrement, la partie européenne veut un renforcement des engagements contractés dans le cadre des APE réaffirmant les engagements pris dans des domaines liés au commerce tels que les droits de propriétés intellectuelles, l'élimination des obstacles non tarifaires, les marchés publics, l'harmonisation réglementaire, la normalisation et la certification ainsi que des mesures sanitaires et phytosanitaires.

En ce qui concerne le financement de ces partenariats pour le développement, les directives européennes proposent de réaffirmer l'engagement collectif de fournir 0,7% de leur revenu national brut au titre de l'aide publique au développement, dont 0,2% aux pays les moins avancés. Selon l'UE, l'accord encouragera la mobilisation des moyens financiers et d'autres moyens de mise en œuvre provenant de toutes les sources disponibles (publiques/privées, nationales/internationales) et veillera à l'efficacité de l'aide au développement. L'UE s'engage à concentrer son aide financière là où le besoin s'en fait le plus sentir et où elle est susceptible d'avoir le plus d'effet, en particulier dans les PMA et les pays en situation de fragilité et de conflit. En retour, les pays ACP devront s'engager à augmenter l'efficience et l'efficacité de leurs dépenses publiques et améliorer la perception des recettes, à lutter contre la corruption, la fraude et l'évasion fiscales, et les flux financiers illicites, y compris dans les paradis fiscaux. En revanche, la directive ne propose aucun mécanisme de financement spécifique ni la reconduction du FED.

Au plan institutionnel, la gestion du socle commun sera confiée à un conseil ministériel UE-ACP qui se réunira en principe tous les trois ans ; la gestion de chaque partenariat régional sera quant à elle confiée à un conseil ministériel régional. Les orientations stratégiques seront déterminées par des sommets des chefs d'État ou de gouvernement. Chaque partenariat sera assorti d'un volet parlementaire et de mécanismes de dialogue avec les pouvoirs locaux, la société civile et le secteur privé. Les organisations régionales auront un « rôle de premier plan » dans la gouvernance des partenariats.

Il faut noter que dans les directives européennes, le secrétariat du groupe ACP et l'Assemblée parlementaire paritaire ne sont pas explicitement cités comme institutions du partenariat. Pour ce qui est de la durée de l'accord, les directives européennes prévoient une période initiale de vingt ans pour le socle commun, tandis que les trois partenariats régionaux devraient être revus régulièrement. Elles prévoient également la possibilité pour une partie de prendre des mesures unilatérales appropriées au cas où l'autre partie aurait manqué à l'une de ses obligations concernant des éléments essentiels et fondamentaux.

De nombreux observateurs ont salué les innovations annoncées par les directives de l'UE qui, selon eux, préservent un juste équilibre entre les différents intérêts en jeu et rendent justice à l'héritage des accords de Lomé et de Cotonou. En outre, elles veulent maintenir la nature juridiquement contraignante de la coopération de longue date et les engagements convenus d'un commun accord. Aussi, la combinaison d'un accord général UE-ACP commun et substantiel et de trois pactes régionaux spécifiques en tant que protocoles à celui-ci semble être un moyen équilibré de conserver l'approche multilatérale intacte, tout en permettant une approche diversifiée pour prendre en compte les besoins et intérêts spécifiques de chacune des trois régions.

3- Partenariats régionaux prévus dans les directives européennes (UE - Afrique UE - Caraïbes et UE – Pacifique)

3.1- Le protocole régional Afrique

S'appuyant sur la stratégie Afrique-UE, le protocole donne un rôle accru au dialogue avec l'Union africaine et prend en compte les relations avec les pays d'Afrique du Nord, les régions ultrapériphériques de l'UE (RUP) et les pays et territoires d'outre-mer (PTOM).

Les domaines prioritaires dans ce cadre sont les suivants :

- la paix et la stabilité ;
- les droits de l'homme, la démocratie et la bonne gouvernance ;
- le développement humain ;
- le développement économique durable et inclusif ;
- la mobilité et les migrations ;
- l'action pour le climat et la gestion durable des ressources et de l'urbanisation.

3.2- Le protocole régional caraïbe

Le protocole caraïbe-UE prend en compte les RUP et les PTOM (ces derniers pouvant se voir accorder un rôle d'observateurs dans ce partenariat). La situation d'Haïti, unique « pays moins avancé » de la région, est mise en exergue.

Les domaines prioritaires ici sont les suivants :

- les actions pour le climat et la biodiversité, la prévention des catastrophes naturelles et l'atténuation de leurs effets ;
- la lutte contre la criminalité (y compris financière) ;
- la bonne gouvernance et la cohésion sociale.

3.3- Le protocole régional UE-Pacifique

Ce protocole systématise les relations existantes et prend lui aussi en compte les PTOM de la région qui pourront se voir accorder un rôle d'observateurs dans ce partenariat.

Les domaines prioritaires dans ce cas sont les suivants :

- le climat et la biodiversité ;
- l'économie durable liée à la mer (pêche, aquaculture), à l'énergie et au commerce ;
- la sureté maritime ;
- les mesures concernant les paradis fiscaux ;
- l'égalité entre les hommes et les femmes, le développement humain et la cohésion sociale.

4- Convergences et divergences entre le mandat de négociations ACP et les directives européennes

Le tableau ci-dessous montre les convergences et les divergences entre les deux mandats de négociations. Si les deux partenaires entendaient valoriser les acquis de Cotonou tout en prenant en considération les bouleversements intervenus sur la scène internationale, force est de constater qu'il existait de profondes divergences sur la manière de mettre en œuvre cette vision commune.

De nombreux points de convergence sont à souligner, notamment la volonté de conclure un accord juridiquement contraignant, basé sur des principes communs et pour une longue durée. De même, l'on note une réelle convergence sur les domaines de la coopération, même si la partie ACP avait structuré son mandat autour de trois piliers stratégiques, tandis que les directives européennes envisageaient six priorités stratégiques. Les deux mandats de négociations indiquent explicitement que le futur accord ACP-UE doit permettre d'atteindre les objectifs de développement durable adoptés par l'ONU. Les parties étaient donc soucieuses de conserver les caractéristiques de l'accord de Cotonou qui reflètent déjà l'esprit des ODD, avec l'accent mis sur le développement humain ou la lutte contre le changement climatique.

D'une importance particulière pour les domaines prioritaires stratégiques des directives de l'UE, le titre V sur la paix, la sécurité et la justice, propose de reconnaitre qu'il ne saurait y avoir de développement durable et inclusif sans paix et sécurité. En outre, il est entendu que le changement climatique, les pressions exercées sur l'environnement et la dégradation de l'environnement ont des répercussions directes et indirectes sur la sécurité et la stabilité internationales, touchant principalement ceux qui se trouvent dans les situations les plus fragiles et les plus vulnérables. Cette préoccupation est reprise dans le pilier stratégique III du mandat de négociations ACP, lequel aborde plusieurs questions sous l'angle de la paix et de la sécurité, notamment les crimes organisés et liés au trafic de drogue, le terrorisme et l'extrémisme et la prolifération d'armes légères et de petit calibre. Par ailleurs, la paix, la sécurité et la démocratie constituent ici des questions transversales.

Le fait que les objectifs du nouvel accord soient fondés sur des programmes mondiaux, continentaux et régionaux confirme que le mandat ACP et les directives de l'UE peuvent, de façon générale, converger vers un cadre global commun. Mais il est à noter que le droit au développement[61], qui revêt une importance fondamentale pour le groupe ACP, ne figure pas explicitement dans les directives de l'UE.

La différence notoire entre les deux mandants de négociation découle de la structuration même de l'accord à négocier. Tandis que pour les États ACP, l'accord post-Cotonou devait demeurer un accord unique afin de préserver l'unité du groupe, les directives européennes

[61] Droit proclamé par les Nations Unies en 1986 dans la « Déclaration sur le droit au développement » adoptée par l'assemblée générale des Nations Unies dans sa résolution 41/128.

prévoient la conclusion d'un socle commun ayant trois protocoles régionaux. Cette différence aura de profondes conséquences.

S'agissant du financement du partenariat, les deux parties ont des propositions diamétralement opposées. Les ACP ont misé sur le maintien du FED ou, à tout le moins, d'un mécanisme ad hoc, flexible et hors budget, présentant toutes les caractéristiques de cet instrument historique. Il n'en est pas de même pour l'UE qui n'envisage aucun mécanisme de financement spécifique.

D'autres divergences notoires vont surgir en ce qui concerne le dialogue de partenariat voulu par l'UE, lequel va remplacer l'ancien dialogue politique considéré par les ACP comme l'un des plus grands acquis de l'ère de Cotonou. La partie ACP préconisait de recourir au format le plus approprié pour réaliser les objectifs visés et d'assurer l'égalité dans le niveau de représentation. Les directives européennes avaient bien pris en compte les principes des programmes convenus dans le cadre du dialogue politique ; elles n'intégraient cependant pas certains aspects pris en compte par le groupe ACP dans sa compréhension de ce dialogue.

D'autres divergences majeures sont survenues sur les questions politiques. En ce qui concerne la définition des valeurs communes par exemple, la partie ACP a été réticente à ce que l'accord mentionne la reconnaissance du rôle de la cour pénale internationale ou des droits des personnes LGBTI.

L'autre élément sur lequel les deux mandats divergeaient profondément est la question des migrations. Au fil des années, de la conclusion de l'accord de Yaoundé à l'accord de Cotonou, les questions d'asile et de migration ont pris de l'importance dans les relations entre l'UE et les pays ACP, en particulier l'Afrique, au point de devenir l'une des pommes de discorde dans cette relation à l'origine axée sur le développement. Le cadre de la coopération dans ce domaine reposait sur l'article 13 de l'accord de Cotonou et impliquait certaines dispositions telles que l'amélioration des conditions de vie dans les pays d'origine et de transit, la migration légale et le retour des migrants en situation irrégulière. Mais la mise en œuvre de cet article a été jugée très insatisfaisante par l'UE.

Le sommet de La Valette, en 2015, avait permis d'adopter un plan d'action comprenant des mesures concrètes à mettre en œuvre. L'accent est alors mis sur la convergence entre la politique migratoire et la politique d'aide au développement pour contribuer à assurer une migration sûre, régulière, responsable et ordonnée. Le mandat ACP prévoyait à cet égard d'aborder le sujet dans sa dimension globale qui intègre le lien entre migration, développement et sécurité. Pour les négociateurs ACP, l'accord devait refléter les aspects positifs de la migration et encadrer les mécanismes devant régir la migration légale.

L'allocation des fonds de l'aide au développement à la gestion de la politique migratoire était considérée par la partie ACP comme une solution contre-productive qui ne permettrait pas d'enrayer l'immigration. À contrario, elle proposait la mobilisation de l'aide au développement pour renforcer les économies des pays ACP et éradiquer les extrêmes inégalités, ce qui pouvait permettre des migrations plus sûres et mieux encadrées.

La partie ACP souhaitait en outre que le pacte mondial des Nations Unies pour des migrations sûres, ordonnées et régulières, bien que n'étant pas juridiquement contraignant, soit considéré comme la principale plateforme intergouvernementale où peuvent être élaborés des principes, des normes et des programmes d'actions destinés à créer des possibilités juridiques garanties pour la circulation des personnes et le respect des droits humains des migrants, ainsi qu'à remédier aux causes profondes de ce phénomène qui affecte les pays d'origine, de transit et de destination[62]. Elle souhaitait également porter un regard critique sur les résultats des plans d'action de Khartoum, de Rabat et de La Valette, ainsi que du plan d'action ACP-OIM sur les migrations, l'objectif étant de proposer une formulation conjointe sur les points de convergence qui pourraient s'en dégager.

Du côté européen, l'on se rappelle que le processus d'adoption de ses directives de négociations a été rendu laborieux en raison, notamment des nombreuses divergences sur le volet migration du futur accord et des exigences hongroises et polonaises qui demandaient que

[62] Sur la base des recommandations d'un séminaire récemment organisé par la Fondation Frederich Ebert, l'Institut pour la pensée et la conversation panafricaines de l'Université de Johannesburg et le secrétariat ACP s'emploient à élaborer une note d'information qui pourra servir de base à des activités de sensibilisation et de promotion auprès du public en vue de l'approbation du pacte mondial lors d'un sommet des chefs d'État et de gouvernement prévu les 10 et 11 décembre 2018, au Maroc.

soient pris en compte les aspects de sécurité en ce qui concerne la migration[63].

La proposition de l'UE prévoyait quant à elle que les parties à l'accord devaient renforcer leur coopération pour juguler les flux de migration irrégulière en respectant le droit d'asile international et en reconnaissant les impacts négatifs et les problématiques sécuritaires liées à la mobilité irrégulière sur les pays d'origine, de transit et de destination. Elle souhaitait renforcer la coopération dans la gestion des frontières et la lutte contre le trafic de migrants et introduire des dispositions plus contraignantes pour le respect de « l'obligation juridique » de réadmission des migrants en situation irrégulière. Le mandat de négociations du groupe ACP, au contraire, proposait que les « processus de retour et de réadmission dans les pays d'origine soient engagés sur une base volontaire ». Ce n'est pas un hasard si les négociations sur ces points ont pris plus de temps que prévu et ont contribué à rallonger les délais des négociations.

Lors de la première phase des négociations, les deux parties se sont employées à mettre en évidence les éléments comparables ou divergents dans les structures de négociations et les questions thématiques de leurs mandats de négociations respectifs. Il était indiqué dans le document[64] y relatif que les deux documents de négociations ont un contenu technique globalement cohérent, bien que leurs formats et structures reflètent des orientations différentes. Il s'agissait là de propos fort diplomatiques pour exprimer les divergences majeures contenues dans les deux textes et qui devaient rendre le processus de négociation très laborieux. La volonté d'harmonisation partait du constat suivant lequel les deux mandats de négociations comportent des orientations convergentes sur des engagements à prendre en tenant compte des éléments suivants :

---

[63] La Hongrie a à nouveau exprimé ses réserves sur l'accord, en particulier au sujet des dispositions concernant la migration et la mobilité, lors des discussions en mai 2021, en vue de l'approbation de l'accord par le conseil de l'Union Européenne. Cette dernière nécessitant une unanimité, l'approbation par le conseil a pris plus de temps que prévu à cause de la volonté hongroise de limiter, voire d'empêcher la migration depuis les États ACP vers l'Europe.

[64] Brève comparaison préliminaire entre le mandat de négociations ACP et les directives de négociations de l'UE – accord de partenariat ACP-UE post-Cotonou (document de travail ACP/00/120/18 rev 1).

- la prise en compte du programme des Nations Unies pour le développement durable à l'horizon 2030, lequel offre un cadre général pour le nouvel accord ;
- le respect des droits humains, des principes démocratiques et de l'État de droit qui « constituent les éléments essentiels » de l'accord de Cotonou et qu'il convenait de considérer comme des acquis ;
- les autres domaines qui pouvaient être considérés comme des acquis de l'accord de Cotonou et qui appelaient une renégociation de la coopération, notamment les questions relatives au développement humain, la paix et la sécurité et la migration ;
- les piliers thématiques et les questions transversales du mandat ACP figurant dans les directives de l'UE, bien que traités de façon différente dans le socle commun et les partenariats thématiques régionaux. Ces aspects devaient être harmonisés au cours des négociations, soit dans le cadre du socle commun, soit dans une perspective régionale sur la base des principes de subsidiarité et de proportionnalité. Étaient notamment concernées les questions liées à la durabilité environnementale, aux changements climatiques et à la gestion durable des ressources naturelles ;
- la convergence entre la base thématique principale du mandat de négociations ACP et le socle commun des directives de l'UE qui offraient des éléments de fond appropriés pouvant servir de base aux négociateurs des deux parties pour identifier des domaines de coopération au titre du nouvel accord.

Ces constatations pragmatiques ont permis de lancer les négociations en valorisant les acquis et en laissant pour la fin les sujets épineux qui feront ensuite partie du panier des négociations.

Tableau 2 : Comparatif des mandats/directives de négociations ACP/UE

Mandat ACP	Mandat de l'UE
Préambule	Partie I : « Dispositions communes »
Partie III : « Objectifs »	Titre I : « Objectifs »
Partie II : « Principes directeurs »	Titre II : « Principes »
Partie IV : « Thèmes transversaux » : Renforcement des capacités ; vulnérabilité et renforcement de la résilience ; Océans et mers ; Changement climatique ; Égalité entre les hommes et les femmes ; Santé ; Jeunesse et dividende démographique ; Culture et développement ; Paix, sécurité et démocratie	Non prévu
Pilier 3 : « Dialogue politique »	Titre III : « Dialogue politique »
Pas spécifiquement prévu	Titre IV : « Cohérence des politiques au service du développement ».
Partie V : « Piliers thématiques stratégiques »	Partie 2 : « Priorités stratégiques »
Pilier 3 : « Dialogue politique » Thème transversal : « Paix, sécurité et démocratie »	Titre I : « Droits de l'homme, libertés fondamentales, démocratie... » Titre V : « Paix, sécurité et justice »
Pilier 1 : « Commerce, investissement, industrialisation et services »	Titre III : « Développement économique durable et inclusif »
Pilier 2, sections contenues dans « Coopération au développement, technologie, science, innovation et recherche » Thème transversal : « Culture et développement » Pilier 3, section « Dialogue politique et migration »	Titre II : « Développement humain et dignité » Titre VI : « Migration et mobilité »
Thèmes transversaux : « Océans et mers » et « Changement climatique »	Titre IV : « Durabilité environnementale, changement climatique et gestion durable des ressources naturelles »
Pilier 3, section « Plaidoyer sur la scène internationale »	Partie 3 du socle commun relative à la « Coopération internationale »
Partie VII : « Parties/Acteurs »	« Coopération diversifiée »
Partie VIII : « Cadre institutionnel »	« Cadre institutionnel »
Partie IX : « Dispositions finales »	« Dispositions finales »

Chapitre 8 :

Les configurations négociantes

Selon l'article 95.4 de l'accord de Cotonou, les parties devaient entamer des négociations en vue d'examiner les dispositions devant régir ultérieurement leurs relations, dix-huit mois avant l'expiration de l'accord dont l'échéance était le 29 février 2020. Par conséquent, les négociations devaient débuter au plus tard le 1er octobre 2018.

Suite à la publication du mandat de négociations ACP le 30 mai 2018 et des directives de négociations européennes le 22 juin 2018, les notifications respectives et les échanges des mandats de négociations du groupe ACP et de l'UE ont satisfait à l'obligation imposée par l'article 95.4 susvisé de l'accord de Cotonou. Le commissaire européen pour la coopération internationale et le développement de cette époque, Neven MIMICA, avait transmis au secrétaire général du groupe ACP Patrick GOMES les directives de négociations UE le 19 juillet 2017. Cet échange de lettres marque donc l'ouverture des négociations entre les parties.

Les négociations ont été formellement lancées le 28 septembre 2018 à New York, en marge de la 73e session de l'assemblée générale des Nations Unies et le premier cycle des négociations s'est terminé le 14 décembre 2018[65]. Les consultations sur les protocoles régionaux se sont ouvertes en début d'année 2019. Le deuxième cycle des négociations s'est achevé à Ndjamena le 4 avril 2019. Plusieurs rencontres se sont tenues avec les négociateurs en chef, notamment celle du 23 mai 2019 qui leur a permis de discuter des contours du nouveau partenariat.

Les négociateurs de l'UE étaient désireux de conclure les négociations avant la pause estivale de 2019. Cette projection avait un double objectif : il s'agissait de finaliser les négociations non seulement avant la pause d'été, mais aussi avant l'entrée en fonction des nouveaux

---

[65] Les négociateurs ont tenu à faire un distinguo entre l'ouverture des négociations intervenue par échange de lettres et le lancement officiel des négociations qui a eu lieu à New York.

responsables de la Commission européenne en novembre 2019, de manière à ce que le nouvel accord entre en vigueur à la fin d'année 2019. Cet agenda était jugé trop ambitieux par les négociateurs ACP, soucieux de négocier davantage les questions jugées critiques sur lesquelles apparaissaient de nombreuses et profondes divergences. En vérité, cet agenda n'était simplement pas réaliste, au regard du retard accusé par la partie européenne non seulement dans l'adoption de ses directives de négociations, mais aussi sur de nombreux points cruciaux qui, s'ils ne déterminaient pas directement les négociations, avaient néanmoins un impact direct. Ce fut le cas du budget européen 2021-2027. En tout état de cause, cette ambition n'avait pas pris en compte la crise de coronavirus qui allait modifier fondamentalement non seulement le contenu des négociations, mais aussi les processus de négociations.

Les négociations ont été menées, au niveau politique, pour le groupe ACP par le ministre des Affaires étrangères, de la Coopération et de l'Intégration africaine du Togo, M. Robert Dussey et le commissaire chargé de la Coopération internationale et du Développement, M. Neven MIMICA qui sera plus tard en décembre 2019, remplacé par Mme Jutta Urpilainen, commissaire aux partenariats internationaux.

Au niveau technique, les négociations sont menées par l'ambassadeur Kokou Nayo A. M'BEOU, ambassadeur du Togo auprès de l'UE pour le compte du groupe ACP et Stefano Manservisi, directeur général Développement et Coopération qui sera remplacé plus tard par Koens Doen qui était jusque-là son adjoint. L'équipe du secrétariat général ACP a apporté aux négociateurs ACP une assistance technique. Il convient de noter que c'est Patrick GOMES qui dirigeait le secrétariat lors du lancement des négociations. Il a été remplacé en avril 2020 par l'Angolais Chicoti Pinto Rebello, nommé secrétaire général par le Conseil des ministres ACP du 7 décembre 2019 à Nairobi.

- **La configuration négociante ACP**

La configuration négociante ACP qui découlait de la structuration de son mandat de négociations était étagée et comprenait les niveaux ci-après :

- Un négociateur en chef, engagé dans les négociations directes avec le négociateur en chef de l'UE ;

- Un Groupe central de Négociations (GCN) au niveau ministériel (GCN-M) et au niveau des Ambassadeurs (GCN-A) ;
- Des Équipes techniques de Négociations (ETN) constituées au niveau des ambassadeurs et subdivisées en trois groupes :
  - l'Équipe technique de négociations en charge du pilier I (ETN I) ;
  - l'Équipe technique de négociations en charge du pilier II (ETN II) ;
  - l'Équipe technique de négociations en charge du pilier IIII (ETN III).

Le GCN-A a mené les négociations sur les questions globales et générales tandis que les ETN ont conduit les négociations sur les enjeux relatifs aux piliers stratégiques. Le GCN-A faisait un rapport mensuel au GCN-M sur le déroulement des négociations. Le GCN-A a adopté des directives de négociations pour ses propres travaux et pour ceux des ETN et les a chargés d'adopter leurs propres directives à partir des lignes esquissées, sur la base du mandat de négociations. L'objectif de ces directives était de fournir aux négociateurs des orientations claires aux niveaux ACP et régional, sur les positions à adopter lors des discussions.

Le GCN au niveau ministériel a tenu sa première réunion à Lomé, le 30 mai 2018, en marge de l'adoption du mandat de négociations, et la seconde à New York avant le lancement formel des négociations, le 23 septembre 2018. Il s'est réuni à treize reprises. Dès la 8e session, il s'est tenu en visioconférence. Quant au GCN au niveau des ambassadeurs, il s'est réuni 55 fois.

Au total, 10 réunions des négociateurs en chef se sont tenues, dont six en présentiel et quatre virtuelles. Deux se sont tenues à New York et quatre à Bruxelles. L'accord a été paraphé à Bruxelles par les deux négociateurs en chef, le 15 avril 2021.

Tableau 3 : Composition de l'Équipe technique de Négociations ACP[66]

Groupe central de négociations (GCN) Au niveau des ambassadeurs	Équipe technique de négociations (ETN)
S.E. M. Kokou Nayo A. M'BEOU, Ambassadeur du Togo **Président**	S.E. M. Colin Michael CONNELY, Ambassadeur de Trinité-et-Tobago **Président – Pilier I :** ***Commerce, investissement, industrialisation et services***
S.E. M. David A. HALES Ambassadeur de Guyana, **Vice-président**	H.E. M. Haymandoyal DILLUM Ambassadeur de Maurice, **Vice-président – Pilier I**
S.E. M. Joshua KALINOE, CSM, CBE, Ambassadeur de Papouasie-Nouvelle-Guinée **Vice-président**	H.E. Mr Sekou Dit Gaoussou CISSE, Ambassadeur du Mali **Vice-président – Pilier I**
	S.E. Fatumanava-o-upolu III Paolelei LUTERU, **Président – Pilier II ; coopération au développement, technologie, science, innovation et recherche**
	H.E. Mme Cheryl J. AUGUSTINE-KANU, Ambassadeur de Grenade **Vice-président - Pilier II**
	H.E. M. Léon Raphael MOKOKO, Ambassadeur de la République du Congo **Vice-président – Pilier II**
	S.E. M Tadeous Tafirennyika CHIFAMBA, Ambassadeur du Zimbabwe **Président – Pilier III : Dialogue politique et plaidoyer**
	S.E. Mme Sheila SEALY MONTEITH, Ambassadeur de Jamaïque **Vice-président – Pilier III**
	S.E. Dr Daniel Emery DEDE, Ambassadeur de la République centrafricaine **Vice-Président – Pilier III**

[66] Source : Documents de la négociation post-Cotonou.

Tableau 4 : Équipe de négociations de l'UE[67]

EU Service	Directorate General of International Coopération and Development (DG DEVCO), puis Direction générale des Partenariats internationaux	European External Action Service (EEAS)
Senior officials	Stefano Manservisi, Director General / Koens Doen	Helga Schmid , Secretary General
Deputies to Senior officials	Koen Doens, Deputy Director General [Domenico Rosa, Head of Post-Cotonou Task Force]	Christian Leffler, Deputy Secretary General [Alexander Baum, Senior Adviser to Deputy Secretary General]
Second deputies to senior officials	Domenico Rosa, head of Unit/ Post-Cotonou Task Force	Jonas Jonson Head of Division
Supporting Team	Rigo Belpaire, Team Leader Post-Cotonou Task Force	Marc Van Bellinghem, Team leader, Post-Cotonou Task Force
	Tine Van Criekinge, resp. coordination of negotiations	Marienburg Holger, resp. coordination of negotiations
	Maurizio Carbone, Adviser to the Post-Cotonou Task Force	
	Peter Ashton, resp. Peace and Security;	Lead: John Busuttil, resp. Peace and Security
	Peter Ashton, resp. Human Rights, democracy,...	Lead: Stefan Forester, resp. Human Rights, democracy...
	Lead: Filippo Cristini, resp. Migration;	Irene Hvass, resp. Climate Change and Environment
	Lead : Sarah McLaughlin Resp. Economics; Trade; Private sector	Holger Marienburg, resp. Economics; Trade; Private sector
	Lead: Simona Montanari resp. Human development; Gender; Civil Society	Konstantin Von Mentzingen, resp. Civil society
	Catherine Mainville, resp. Information, Communication and Organization	
	Mariam Alouazen resp. secretariat Post Cotonou Task Force.	

[67] Idem

Chapitre 9 :

Les cycles de négociations de l'accord

1- Le premier cycle de négociations techniques : tentative d'alignement des directives de l'UE et du mandat ACP (septembre - décembre 2018)

En plus du lancement officiel des négociations, la réunion de New York a permis l'adoption de quelques modalités pratiques. À cette occasion, les négociateurs ont convenu que :

- les sessions de négociations techniques se dérouleront à Bruxelles, à la maison ACP ;
- les parties feront cependant preuve de flexibilité, des réunions pouvant se tenir ailleurs qu'à Bruxelles ;
- les parties mettront à disposition un nombre suffisant de salles de réunion et d'interprètes.

La première réunion du premier cycle de négociations techniques au niveau des ambassadeurs ACP et des hauts fonctionnaires de l'Union européenne a eu lieu le 18 octobre 2018 au secrétariat général des États ACP à Bruxelles. Dès le début de cette phase[68], la partie ACP a souhaité une harmonisation du mandat ACP et des directives de l'UE. Selon elle, l'alignement permettrait de définir la structure du futur accord. Au final, les négociateurs ont convenu qu'il apparaissait prématuré d'envisager à ce stade un alignement ou une harmonisation des structures de leurs mandats. Plutôt que de risquer un blocage des négociations, ils ont décidé de commencer les discussions sur les points de convergence. Ils se sont accordés sur le statut du futur accord et sa structure générale : le principe d'un socle commun et de protocoles régionaux a été retenu. Ils

[68] Dans un document de négociations intitulé « Vue d'ensemble et analyse préliminaire du mandat de négociations ACP et des directives de négociations de l'UE en vue d'un accord de partenariat ACP-UE post-Cotonou, (document de travail ACP/00/191/18), le secrétariat ACP souhaite en effet une harmonisation des mandats, exercice qui, selon lui, va faciliter la conduite des négociations.

ont identifié les six priorités stratégiques ou domaines d'intérêt qui leur sont communs et convenu d'axer les premières sessions de négociations sur la structuration et l'identification de ces éléments considérés par les ACP comme les questions transversales et par l'UE comme des priorités stratégiques.

Il s'agit, entre autres, des domaines ci-après :

- Le changement climatique ;
- Les droits de l'homme ;
- La paix et la sécurité ;
- La préservation de l'environnement et le développement durable ;
- Les migrations ;
- Le développement humain.

Les autres articulations de l'accord sur lesquelles apparaissait une grande divergence entre les parties devaient être abordées lors de rounds ultérieurs de négociations, après que les parties auront avancé dans la structuration et la rédaction des priorités stratégiques. Les points de divergence portaient particulièrement sur la coopération internationale (les piliers régionaux) et le cadre institutionnel.

Un autre consensus a émergé, d'abord sur la durée de l'accord qui sera conclu pour une durée de 20 ans et sera révisé tous les 10 ans ; ensuite, sur le financement qui se fera via un nouvel instrument, lequel ne figurera cependant pas dans le nouvel accord. La rapidité avec laquelle un accord a été obtenu sur la question du financement, en dépit du fait que le mandat ACP prévoyait la reconduction du FED, tient de ce que dès le départ, la partie européenne a placé hors de son mandat toute discussion sur l'instrument de financement qui faisait alors l'objet de négociations interinstitutionnelles intraeuropéennes.

S'agissant des dispositions pratiques en confirmant les décisions prises à New York, les parties ont convenu que l'UE appuierait l'interprétariat des sessions de négociations et que les réunions pourraient également se tenir si les parties en convenaient, dans les prémisses de l'autre partie. Elles ont également convenu que les négociations seraient conduites en français et en anglais. L'anglais serait cependant la langue de travail dans laquelle les projets de textes seront soumis, avant d'être ensuite traduits en français. De même, pour des raisons pratiques, les minutes seront rédigées uniquement en anglais, puis traduites en français. Les parties ont également convenu de la structuration et de la taille de l'équipe de rédaction ; environ cinq personnes. Elles ont convenu d'un calendrier qui prévoyait les grandes étapes ci-après :

- 5 novembre 2018 : ouverture des négociations proprement dites sur les priorités stratégiques ;
- février 2019 : ouverture des négociations sur les piliers ;
- juin 2019 : dialogue institutionnel.

La première phase des négociations a permis d'obtenir les résultats ci-après :

- La comparaison des mandats de négociations des deux parties ;
- L'harmonisation des priorités stratégiques de l'accord ;
- L'élaboration d'un calendrier de travail destiné à guider les négociations ;
- Le dialogue sur la structure et le statut juridique du nouvel accord.

2- Le 2e cycle des négociations : rédaction de la partie II - Priorités stratégiques de l'accord général

Lors de la 2e réunion des négociateurs en chef tenue le 14 décembre 2018 à la maison ACP à Bruxelles, les parties ont procédé au lancement du 2e cycle des négociations et mandaté leurs équipes techniques pour élaborer des projets de textes conjoints consolidés pour la partie II consacrée aux priorités stratégiques du nouvel accord.

Il faut souligner que lors de la 108e session du Conseil des ministres ACP qui s'est tenue à Bruxelles le même jour, les ministres avaient pris note de l'état d'avancement des négociations et approuvé le principe de la négociation de protocoles régionaux. Ce faisant, les ministres amendaient en quelque sorte le mandat de négociations ACP qui n'avait pas prévu la négociation de protocoles régionaux.[69]

---

[69] En plus de l'organisation spécifique pour la négociation de l'accord, les instances ad hoc devaient rendre compte aux institutions classiques OEACP, notamment le comité des ambassadeurs et le Conseil des ministres. Il faut dire que la cohérence entre les institutions de négociations ad hoc et les organes classiques de l'OEACP a souvent fait défaut, certaines délégations estimant que l'ensemble des négociations devait faire

3- Le 3e cycle de négociations : rédaction des protocoles régionaux Afrique, Caraïbes et Pacifique

Lors de la 3e réunion des négociateurs en chef tenue le 4 avril 2019 à Ndjamena au Tchad, les parties ont procédé au lancement du 3e cycle et invité les équipes techniques à entamer les discussions sur les protocoles régionaux. Chaque région ACP a alors engagé des consultations de haut niveau entre ses dirigeants et avec l'UE. La région pacifique a été la première à tenir ses consultations le 26 février 2019 à Apia (Samoa), suivie de la région Caraïbes le 14 avril 2019 à Kingston (Jamaïque) et de la région Afrique le 2 mai 2019 à Esulwini (Eswatini). Les négociateurs en chef et le secrétaire général du groupe ACP ont participé à ces trois consultations. Le président de l'assemblée parlementaire ACP a pris part aux consultations de la région Afrique.

4- Le 4e cycle des négociations : la rédaction des autres parties de l'accord principal

Lors de la 4e réunion des négociateurs en chef tenue le 23 mai 2019 à la maison ACP à Bruxelles (Belgique), les parties ont procédé au lancement du 4e cycle et mandaté des équipes techniques pour commencer la rédaction des textes relatifs aux autres parties de l'accord général, à savoir le préambule et la partie I – Dispositions générales ; la partie III – Alliances mondiales et coopération internationale ; la partie IV – Développement et moyens de coopération ; la partie V – Cadre institutionnel ; et la partie VI – Dispositions finales.

Lors de leur 5e réunion tenue le 28 septembre 2019 à New York, les négociateurs en chef ont célébré le premier anniversaire des négociations et pris note des avancées substantielles réalisées au niveau technique dans l'élaboration des projets de textes consolidés pour la

---

l'objet de validation formelle par les structures classiques ACP. La question s'était d'ailleurs posée de savoir quel est le rapport entre le GCN-M et le Conseil des ministres et entre le négociateur en chef et le président du Conseil des ministres. De même, les délégations se sont interrogées sur la personnalité ACP chargée de parapher l'accord avant qu'un consensus ne se dégage sur la personne du négociateur en chef. Plus tard, le Conseil des ministres ACP prendra simplement acte de l'évolution des négociations dont il approuvera les comptes-rendus faits par les équipes de négociations. Le négociateur en chef, lui, a d'ailleurs régulièrement rendu compte de ses activités.

partie II – Priorités stratégiques de l'accord général, les protocoles régionaux et les autres parties de l'accord général.

En décembre 2019, les parties ont adopté des mesures transitoires prolongeant la période d'application de l'accord de partenariat de Cotonou au-delà du 29 février 2020, date de son expiration, jusqu'au 31 décembre 2020.

Ce cycle est clos par la 6e réunion des négociateurs en chef, laquelle est la dernière rencontre physique entre les négociateurs en chef UE et ACP, à Bruxelles le 14 février 2020. C'est aussi la première réunion de la commissaire Jutta Urpilainen en qualité de négociatrice en chef de l'UE. Cette réunion a permis d'entériner au niveau politique les textes consolidés et stabilisés et d'identifier les questions en suspens à débattre au niveau politique/ministériel, au cours de leur septième rencontre.

L'entrée en scène de la nouvelle commissaire va apporter un style nouveau dans les négociations, lesquelles vont se poursuivre dans un contexte marqué par le confinement et donc, l'inauguration de sessions virtuelles. Lors de sa première prise de parole, la négociatrice en chef de l'UE soulignait que même si l'application de l'accord de Cotonou a été prolongée jusqu'à la fin de l'année en cours, les équipes techniques devraient finaliser toutes les questions en suspens au plus tard en fin mars 2020. Le contexte n'était cependant pas favorable à une accélération des négociations, au regard non seulement du confinement général consécutif à la crise sanitaire, mais aussi du recours à la technologie et de l'absence de contacts physiques. Ces facteurs vont rendre les négociations particulièrement ardues, d'autant plus que les questions faisant l'objet des négociations étaient celles sur lesquelles les parties divergeaient profondément et que les négociateurs ACP, dès le début des négociations, se montraient méfiants à toute pression sur les délais qu'ils considéraient comme une tactique du partenaire européen pour les amener à accepter des dispositions qui ne leur sont pas favorables. Par ailleurs, des processus internes à l'UE, liés notamment à l'adoption de son cadre financier, ont également fait trainer les négociations, compliquant les prochains cycles de négociations.

5- Le 5e cycle des négociations : le panier politique des négociations et les vérifications finales

La septième réunion des négociations en chef, le 12 juin 2020 par visioconférence, a inauguré le 5e cycle relatif à l'examen des questions inscrites dans le panier des négociations, la vérification finale, le toilettage et la vérification juridiques ainsi que la relecture pour veiller à la constance, la cohérence et l'absence d'erreurs grammaticales.

À la fin du quatrième cycle des négociations, les parties étaient parvenues à un accord sur la plus grande partie du traité, exception faite de quelques dispositions relevant à la fois de questions politiques, sociales, culturelles ou financières sur lesquelles les divergences étaient très importantes, au regard de leurs mandats respectifs. Certaines d'entre elles étaient alors considérées comme des lignes rouges, ce qui a amené les négociateurs à les inscrire dans un « panier de négociations » soumis aux négociations au niveau politique/ministériel. Si ces questions n'ont pas été définitivement exclues des discussions au niveau technique, elles auront été débattues sur le fond par les négociateurs en chef. Ces derniers ne se contenteront donc plus d'entériner les consensus obtenus par les experts et de donner des orientations. Ils négocieront des dispositions spécifiques du nouvel accord. L'identification des questions du panier politique s'est faite au cours de la sixième réunion des négociateurs en chef et leur examen a eu lieu lors des quatre sessions qui ont suivi.

D'autres facteurs périphériques ont compliqué le cours des négociations. L'inscription unilatérale d'États membres de l'OEACP dans la liste noire européenne des juridictions non coopératives en matière de fiscalité, de blanchiment de capitaux et de financement du terrorisme, sujet de grave préoccupation pour la partie OEACP, va contribuer à tendre davantage les négociations. Les négociateurs vont cependant entériner les textes négociés au niveau technique, convenir de la voie à suivre et des prochaines étapes et échanger leurs vues et positions sur les questions inscrites dans le cadre des négociations au niveau ministériel. En l'occurrence, ils vont classer lesdites questions suivant deux groupes :

- GROUPE 1 : Peine capitale ; Cour pénale internationale et statut de Rome ; société civile ; questions liées à l'ingérence extérieure.

- GROUPE 2 : Exploitation des fonds marins/frontières maritimes ; bonne gouvernance en matière fiscale ; libéralisation du transport maritime ; lien entre l'accord post-Cotonou et les APE ; santé et droits sexuels et reproductifs ; orientation sexuelle et identité sexuelle ; migration ; retour et réadmission ; cadre institutionnel ; dispositions finales et culture – retour et restitution de biens culturels.

La 8e réunion des négociateurs en chef, le 6 juillet 2020, va rentrer dans le vif du sujet concernant les questions inscrites dans le cadre des négociations politiques. En cela et par le fait que les participants abordent le fond et la forme, cette session de la rencontre des négociateurs en chef sera différente des précédentes. Malgré la volonté affichée de la partie européenne d'aboutir rapidement à un accord, les délais ont été rallongés. Le fait que la réunion se tienne à distance n'a pas facilité la tâche des négociateurs. Il fallait fournir beaucoup d'efforts pour concilier les positions au sein de chaque groupe et entre les parties. En fin de compte, les seuls points qui ont fait l'objet d'un consensus au cours de la réunion portaient sur les références à l'ingérence extérieure, le respect des législations nationales par la société civile et la non-discrimination fondée sur l'orientation sexuelle et l'identité sexuelle. Faute de temps, les négociateurs ont convenu, sur proposition européenne, de traiter les questions restantes au moyen de la procédure écrite.

La neuvième réunion des négociateurs en chef qui s'est tenue par visioconférence le 16 juillet 2020 a entériné les questions ci-après, relevant du cadre des négociations ministérielles :

- la peine capitale ;
- la Cour pénale internationale (CPI) ;
- l'exploration durable des fonds marins et les frontières maritimes ;
- le transport maritime.

Les négociateurs en chef ont essayé de faire avancer davantage les discussions au cours de la réunion, notamment en ce qui concerne :

- la bonne gouvernance en matière fiscale ;
- la non-discrimination, quel qu'en soit le motif ; la lutte contre la violence sexiste ;

- l'orientation sexuelle et l'identité sexuelle ;
- la santé et les droits sexuels et reproductifs ;
- la migration et la mobilité ;
- le respect des obligations et le lien des APE avec l'accord ;
- les autres questions en suspens liées au cadre institutionnel ;
- les autres questions en suspens liées aux moyens de coopération ;
- la culture.

Même si les parties ont fait d'importantes avancées sur certaines dispositions, la tension est restée forte sur la question de la non-discrimination sur la base de l'orientation sexuelle. La partie européenne n'a d'ailleurs pas caché sa déception face à ce qu'elle a considéré comme un recul des ACP qui sont revenues sur une formulation sur laquelle les experts avaient obtenu un compromis.

La dixième réunion des négociateurs en chef s'est tenue en visioconférence le 3 décembre 2020. Elle a entériné les textes convenus au niveau technique et procédé à une adoption politique de l'accord de partenariat post-Cotonou. Le 15 avril 2021, l'accord a été paraphé à Bruxelles par les deux négociateurs en chef.

Certains aspects de l'accord étaient étroitement liés aux ressources budgétaires de l'UE pour 2021-2027 et étaient toujours en cours de discussion. En vertu d'une délégation de pouvoirs donnée en mai 2019 par le Conseil des ministres ACP-UE, le comité des ambassadeurs ACP-UE a décidé, en décembre 2019, de prolonger les dispositions de l'accord de Cotonou jusqu'à la date d'entrée en vigueur du nouvel accord ou de son application provisoire ou au plus tard jusqu'au 31 décembre 2020. Un second report est intervenu jusqu'au 30 décembre 2021, puis un troisième jusqu'au 30 juin 2022.

Tableau 5 : Calendrier des négociations

2018

Mai	Septembre	Octobre	Novembre	Décembre
• 1ère réunion du GCN au niveau ministériel • Adoption du mandat de négociations ACP à Lomé (Togo) le 30 mai 2018	• 2e réunion du GCN au niveau ministériel • 1ère réunion des négociateurs en chef • Lancement des négociations à New York (États-Unis) le 28 septembre 2018	• 1ère réunion au niveau des ambassadeurs ACP et des hauts fonctionnaires de l'UE (ALSOM) • Lancement du 1er cycle de l'ALSOM (négociations techniques) le 18 octobre 2018	• 3 GCN • 4 ALSOM	• 1 GCN • 3e réunion du GCN au niveau ministériel • 2e réunion des négociateurs en chef • Lancement du 2e cycle

2019

Janvier	Février	Mars	Avril	Mai	Juin
• 1 GCN • 1 ALSOM	• 6 GCN • 2 ALSOM • Consultations régionales pour le Pacifique	• 5 GCN • 5 ALSOM • 2 réunions du GCN pour le protocole régional Afrique (GCN-PRA)	• 1 GCN • 2 GCN-PRA • Consultations régionales pour les Caraïbes • 4e réunion du GCN au niveau ministériel • 3e réunion des négociateurs en chef • Lancement du 3e cycle	• 1 GCN • 1 ALSOM • Consultations régionales pour l'Afrique • 5e réunion du GCN au niveau ministériel • 4e réunion des négociateurs en chef • Lancement du 4e cycle	• 1 GCN • 2 GCN-PRA • 1 ALSOM

2019

Juillet	Août	Septembre	Octobre	Novembre	Décembre
• 3 GCN • 1 GCN-PRA • 2 ALSOM	/	• 2 GCN • 2 GCN-PRA • 2 ALSOM • 6e réunion du GCN au niveau ministériel • 5e réunion des négociateurs en chef	• 2 GCN	• 1 GCN • 1 GCN- PRA • 2 ALSOM	• 7e réunion du GCN au niveau ministériel • Adoption des mesures transitoires

2020

Janvier	Février	Mars	Avril	Mai	Juin
• 1 GCN	• 1 GCN • 1 GCN-PRA • 1 ALSOM • 8e réunion du GCN au niveau ministériel • 6e réunion des négociateurs en chef	• 2 GCN • 1 ALSOM	• Déclenchement de la pandémie de COVID-19 • 1 ALSOM informelle	• 2 GCN • 1 GCN-PRA • 1 ALSOM	• 1 GCN • 1 GCN-PRA • 1 ALSOM • 9e réunion du GCN au niveau ministériel • 7e réunion des négociateurs en chef • Lancement du 5e cycle – Vérification finale

2021

Janvier
Processus d'adhésion et de ratification du nouvel accord de partenariat ACP-UE par les parties

15 avril

Paraphe de l'accord

Mai - décembre 2021

Relecture, traduction

Chapitre 10 :

Le panier de négociations : les lignes rouges et les négociations au niveau politique/ministériel

À la fin du quatrième cycle des négociations, les négociateurs étaient parvenus à un accord sur la plus grande partie de l'accord, exception faite de quelques dispositions relevant à la fois de questions politiques, sociales, culturelles ou financières et sur lesquelles les divergences étaient très importantes. Il ressortait en effet clairement de l'expérience de la mise en œuvre de l'accord de Cotonou qu'un certain nombre de questions demeuraient une source de discorde et provoqueraient d'intenses discussions au cours des négociations.

Face à la persistance des divergences au niveau technique, certaines d'entre elles ont été considérées comme des lignes rouges par les parties à la négociation, lesquelles ont convenu de les inscrire dans un « panier de négociations » et de les soumettre à des négociations au niveau politique/ministériel en recherchant des compromis sur chacune d'elles. Sur des questions comme les droits de l'homme et la migration, la suggestion des négociateurs de l'OEACP était – étant donné la compétence primordiale de chaque État sur ces sujets – qu'elles continuent d'être régies par des accords bilatéraux entre l'UE et les États membres de l'OEACP. Ces questions litigieuses sont restées entre crochets jusqu'à la fin et après une pause de quelques semaines, les négociateurs de l'UE sont finalement revenus à la table en mi-novembre avec des textes considérablement édulcorés.

Le concept de « ligne rouge » a donc été utilisé par les négociateurs OEACP au plus fort des négociations et cela concernait les questions inscrites dans le panier politique pour s'opposer à la volonté de l'UE de faire adopter des formulations jugées contraignantes. Sans que ces questions soient définitivement exclues des discussions au niveau technique, elles ont été débattues sur le fond par les négociateurs en chef dont les réunions ont à l'occasion été élargies aux ministres des États OEACP. Les négociateurs en chef ne se sont donc plus contentés d'entériner les consensus obtenus par les experts et de donner des orientations ; ils ont négocié des dispositions spécifiques du nouvel accord.

L'identification des questions du panier politique se fera au cours de la réunion des négociateurs en chef du 14 février 2020 ; leur examen aura lieu lors des quatre sessions suivantes. En voici quelques-unes.

- **Droits de l'homme et liberté**

La notion d'*intérêts et valeurs partagés et communs* a fait l'objet d'interprétations à des degrés divers et dans certains cas, a contribué à des tensions sous-jacentes. Pour les pays ACP, il était impératif de consacrer tous les efforts à la croissance économique considérée comme prioritaire. Ils estimaient également que si la démocratie, les droits de l'homme et diverses autres libertés sont des objectifs louables et ambitieux, ils devraient tenir compte des normes et traditions culturelles pertinentes. Ils ont dénoncé ce qu'ils considéraient comme une politique de deux poids deux mesures concernant les valeurs de démocratie, de gouvernance, de droits de l'homme et d'autres libertés, en considération de l'action de certains membres de l'UE qui ne respectent pas eux-mêmes les dispositions des traités européens en la matière. Pour eux, une telle pratique donne l'impression que les pays de l'OEACP sont tenus de respecter des normes plus élevées et que des conditions plus strictes sont imposées.

- **Non-discrimination fondée sur l'orientation sexuelle et l'identité sexuelle**

Pour la partie ACP, il s'agissait d'une question extrêmement sensible, au regard de la diversité des cultures, croyances et convictions religieuses des régions ACP. Elle a suggéré de s'appuyer sur les instruments universellement acceptés, notamment l'article 2 de la Déclaration des droits de l'homme, pour guider les discussions[70]. L'objectif était d'éviter qu'une clause de non-discrimination fondée sur l'orientation sexuelle et l'identité sexuelle implique nécessairement la reconnaissance juridique de ces questions.

[70] L'article 2 de la déclaration universelle des droits de l'homme stipule que : « chacun peut se prévaloir de tous les droits et de toutes les libertés proclamées dans la présente Déclaration, sans distinction aucune, notamment de race, de couleur, de sexe, de langue, de religion, d'opinion politique ou autre ou de toute autre opinion, d'origine nationale ou sociale, de fortune, de naissance ou de toute autre situation. »

- **Ingérence extérieure dans les élections et les processus décisionnels**

L'OEACP avait proposé un article sur l'ingérence qui, selon elle, joue un rôle dans le déclenchement ou l'exacerbation des conflits. Il s'agissait de faire en sorte que les élections se déroulant dans les pays ACP et de l'UE soient à l'abri de toute ingérence extérieure. Toutefois, la partie européenne estimait qu'une telle référence donnerait lieu à une mauvaise interprétation qui entraverait le rôle des observateurs électoraux. Sa forte réserve se fondait en outre sur le fait que cette mention ne serait pas appropriée entre partenaires de confiance. Cette disposition n'a finalement pas été retenue dans le texte.

- **Rôle de la société civile dans les sociétés pluralistes**

Si pour la partie européenne, il était très important d'instaurer un espace permettant à la société civile d'agir librement et de jouer un rôle de supervision, la partie ACP, pour sa part, a estimé que les organisations de la société civile travaillant à promouvoir les droits économiques, sociaux et culturels doivent bénéficier d'une attention similaire à celle accordée aux organisations œuvrant en faveur des droits civils et politiques. La partie ACP, qui s'est préoccupée du fait que certaines organisations de la société civile sont financées et influencées de l'extérieur, a insisté sur le fait qu'elles doivent, de tout temps, agir dans le cadre de la législation nationale. Un compromis a été trouvé sur la question.

- **Bonne gouvernance en matière fiscale et mesures unilatérales**

Bien qu'il se soit dégagé un large consensus sur la bonne gouvernance en matière fiscale, la partie ACP a souhaité une définition plus claire des critères, normes et objectifs applicables à la gouvernance internationale en matière fiscale et l'imposition de mesures unilatérales telles que la liste européenne des juridictions fiscales non coopératives, avec toutes les conséquences économiques qui en découlent pour les juridictions concernées. Il s'agit d'une préoccupation pressante pour de nombreux pays des Caraïbes et qui est devenue encore plus controversée lorsque l'UE a publié une nouvelle liste des pays tiers à haut risque pour le blanchiment des capitaux et le financement du terrorisme, qui comprenait certains membres de l'OEACP. Estimant que la publication de la liste et son calendrier étaient coercitifs, ils ont protesté et demandé en vain un espace pour des consultations bilatérales et d'autres formes d'engagement.

- **Peine capitale**

Pour la partie ACP, il n'était pas envisageable que cette question qui ne figurait pas dans son mandat soit traitée dans le nouvel accord qui sera juridiquement contraignant, alors qu'il n'existe aucun consensus à ce sujet sur la scène internationale. Elle s'est dite dans un premier temps, favorable à une déclaration conjointe sur la peine capitale lors de la phase de mise en œuvre du nouvel accord. Pour sa part, l'UE a insisté sur l'opportunité qu'offre le nouvel accord pour convenir d'une approche conjointe en vue de l'abolition de la peine capitale. Au final, les parties se sont accordées sur une formulation médiane très édulcorée qui ne prescrit plus l'abolition de la peine capitale, mais encourage un dialogue de partenariat sur la question et le respect des procédures et normes minimums convenues au niveau international.

- **Crimes graves préoccupant la communauté internationale et référence à la Cour pénale internationale**

Considérant que tous ses États membres ne sont pas des parties au statut de Rome et qu'ils ne peuvent dès lors pas souscrire des engagements relatifs à la Cour pénale internationale, la partie ACP a plaidé pour un libellé de compromis. Cette question étant d'autant plus sensible et controversée qu'au moment même où se tenaient les négociations, plusieurs pays africains s'étaient retirés ou envisageaient de se retirer de la compétence de la Cour pénale internationale, sur la base de la perception d'un traitement discriminatoire et d'un parti pris. Plutôt que de céder sur la question de la compétence de la cour, les membres de l'OEACP ont choisi la coopération avec les mécanismes internationaux de justice pénale qui peuvent inclure la CPI.

- **Santé et droits sexuels et reproductifs**

Au début des négociations, il est devenu clair que les questions d'identification du genre et d'orientation sexuelle allaient être des domaines délicats, en particulier pour certains pays africains. L'OEACP a choisi de mettre l'accent sur l'alignement sur la charte des Nations Unies, les instruments internationaux relatifs aux droits de l'homme, les conventions et autres instruments pertinents. Ceux-ci comprennent les protocoles établis par le programme d'action de Beijing et le programme d'action sur la conférence internationale sur la population et le développement. Mais nous verrons que malgré l'accord obtenu sur cette question, des zones d'ombre demeurent et constituent autant de sources d'incompréhensions futures dans la mise en œuvre de l'accord.

- **Le patrimoine culturel et le retour et la restitution des biens culturels**

La partie ACP avait espéré faire adopter une formulation contraignante afin que les pays européens concernés retournent et/ou partagent les recettes tirées des objets dérobés, à la demande des pays d'origine. Elle n'y est pas parvenue en dépit des nombreuses pressions. La partie européenne a fait valoir que la restitution des biens culturels, outre le fait qu'elle relève des politiques nationales des États membres de l'UE, fait l'objet de négociations pour lesquelles des décisions définitives ne sont pas encore adoptées. Le libellé définitif est très souple et se contente d'inviter les parties à prendre des mesures pour prévenir et combattre l'importation, l'exportation et le transfert illicites de propriété des biens culturels.

- **Lien avec les APE et « éléments essentiels et fondamentaux de l'accord »**

La partie européenne avait souhaité l'établissement d'un lien entre la mise en œuvre des APE et les éléments essentiels et fondamentaux de l'accord. La partie ACP, pour sa part, avait exprimé son désaccord en arguant que les éléments en question ne doivent pas être liés à la coopération commerciale. Au final, le libellé convenu à l'article 50-6 établit bien un lien entre les APE et les éléments essentiels et mesures appropriées de l'accord. Les parties sont parvenues en effet à un accord en vertu duquel les références faites aux mesures appropriées dans l'accord de Cotonou qui figurent dans les différents APE sont considérées comme des références aux dispositions correspondantes du nouvel accord.

- **Coopération dans l'exploration et l'exploitation des fonds marins**

Les petits États insulaires en développement, membres de l'OEACP, ont insisté sur l'importance de coopérer dans le domaine de l'exploration et de l'exploitation des fonds marins dans la mesure où il s'agit d'une frontière économique présentant des risques pour l'environnement. Ils ont proposé un texte pour faire en sorte que l'exploitation n'entraîne pas une dégradation de l'environnement et qu'elle soit menée dans le respect des normes internationalement reconnues. Du reste, le texte proposé était en accord avec la convention des Nations Unies sur le droit de la mer. Par ailleurs, la partie ACP estimait que la coopération en matière de délimitation des frontières maritimes est essentielle pour faire en sorte que les créances maritimes des parties, en particulier celles des petits États insulaires de faible altitude et des États côtiers, ne soient pas compromises par les impacts du changement climatique, notamment la montée du niveau des mers. Au motif que la coopération dans l'exploration et l'exploitation des fonds marins est toujours en débat dans les instances internationales, la partie européenne a estimé qu'elle ne pouvait pas souscrire d'engagements. La disposition a finalement été retirée malgré l'instance des négociateurs OEACP.

- **Migration et mobilité : retour et réadmission**

Bien qu'un accord ait été rapidement obtenu sur les autres questions liées à la migration et la mobilité, la question spécifique du retour et de la réadmission a fait l'objet de difficiles tractations entre les parties. Si la partie ACP a reconnu l'obligation pour ses pays membres d'accueillir leurs ressortissants qui résident ou séjournent illégalement dans les États membres de l'UE, elle a marqué sa préférence à ce que des principes généraux soient énoncés dans le socle commun, les parties devant s'abstenir de mettre en œuvre des politiques agressives pour un « retour forcé ». En outre, la partie ACP proposait que les questions plus détaillées liées au retour, à la réadmission et à la réintégration soient traitées dans des accords bilatéraux sur la base des compétences nationales et du principe de réciprocité entre les parties et non dans le socle commun ou les protocoles régionaux. Elle souhaitait également que l'accord prévoie d'apporter un appui aux pays d'origine ACP en termes de développement et de création d'emplois afin d'endiguer la migration, ainsi qu'aux pays de destination ACP qui accueillent un grand nombre de réfugiés et de chercheurs d'asile sur leurs territoires afin de les aider à atténuer l'impact de tels flux.

Quant à l'UE, en soulignant que l'article 13 de l'accord de partenariat de Cotonou a manqué d'efficacité et que les dispositions concernées doivent être renforcées dans le nouvel accord, elle a poussé afin qu'il y ait un accord sur la question des retours et réadmissions, lequel a finalement figuré dans le texte. Du côté de l'UE, il y avait une prise de conscience sur le fait que la question était politiquement et socialement trop importante pour simplement la passer sous silence.

Elle a donc jugé irréaliste la proposition OEACP de négocier la question de manière bilatérale. À un moment donné, les négociateurs de l'UE ont semblé supposer que les États membres africains pourraient tirer parti du consensus sur cette question pour obtenir des engagements financiers plus importants de l'UE. La question est restée litigieuse et entre crochets jusqu'à la toute dernière minute.

- **Développement et moyens de mise en œuvre**

La partie OEACP avait souhaité, d'une part, le maintien du FED dans le nouveau cadre financier pluriannuel 2021-2027 ou à défaut, le maintien de sa fonctionnalité et d'autre part, la réorganisation des enveloppes de l'UE qui distingue le continent africain et regroupe les Caraïbes avec l'Amérique latine et le Pacifique avec l'Asie, au titre de l'Instrument de voisinage, de coopération au développement et de coopération internationale. Elle souhaitait également le maintien d'une enveloppe intra-ACP en vue de préserver les spécificités de ses États membres en tant que groupe ainsi que d'assurer la continuité et le cofinancement du secrétariat ACP.

Jusqu'à la fin de la négociation, les ressources – en dehors de l'Afrique subsaharienne avec une enveloppe de financement identifiable proposée dans le Cadre financier pluriannuel –, y compris celles des protocoles régionaux du Pacifique et des Caraïbes, n'étaient pas encore identifiées. La séparation de ces modalités de financement et le manque de ressources identifiables pour les deux autres régions de l'OEACP ont créé une grande incertitude dans le processus de négociation et dans une certaine mesure, fissuré le bloc OEACP en raison des différences de traitement entre l'Afrique et les deux autres régions.

L'Instrument de Voisinage, de Coopération au Développement et de Coopération internationale (IVCDCI) marque donc l'échec de la stratégie OEACP visant à maintenir le FED. La question se pose de savoir si les États OEACP disposent de voies de recours juridiques pour, entre autres, contester les critères de financement s'ils s'appliquent par exemple aux secteurs controversés comme l'éducation et la santé qui ne relèvent pas de la compétence de l'UE. Si de telles voies de recours n'existent pas, l'instrument ne permettant aucune intervention d'un État tiers, des pistes politiques ou diplomatiques pourraient être envisagées compte tenu des situations particulières.

- **Cadre institutionnel**

La proposition initiale de l'UE visait à rationaliser le cadre institutionnel régissant les relations ACP-UE, estimant que l'accord de Cotonou prévoyait un sommet ACP/UE qui ne s'est jamais tenu. De même, elle suggérait que le Conseil des ministres ACP-UE se réunisse une fois tous les trois ans. La partie ACP proposait à contrario de maintenir les institutions conjointes efficaces au niveau ACP-UE, reconnaissant que le cadre institutionnel prévu par l'accord de Cotonou a permis de mener de façon cohérente, efficiente et consultative, un dialogue politique et économique régulier et continu sur les domaines de coopération.

La partie ACP a également vanté les mérites des comités ministériels qui ont joué un rôle important dans la mise en œuvre de l'accord de Cotonou en menant un dialogue de haut niveau sur les questions d'intérêt commun et/ou individuel. Il en est de même du principe de la cogestion des ressources avec le pays bénéficiaire qui implique un partage des responsabilités juridiques et financières entre la Commission européenne et le représentant désigné de chaque État ou région ACP. Pour la partie ACP, cette approche qui vise à encourager les pays partenaires à s'approprier véritablement l'accord, était une application concrète du principe de l'efficacité de l'aide à laquelle la communauté internationale est attachée. En somme, ici encore, l'on a assisté à une opposition entre la volonté de l'OEACP de maintenir les acquis de Cotonou et la pression de l'UE visant à faire évoluer le cadre institutionnel pour épouser les contours du partenariat nouveau en ce qui concerne notamment sa dimension régionale.

Les échanges sur ce point ont duré jusqu'à la toute dernière minute.

- **Article proposé par l'UE sur le respect des obligations**

La proposition initiale de l'UE sur le respect des obligations a suscité des inquiétudes en ce qui concerne notamment les sanctions. Pour l'OEACP, il convenait de renforcer le dialogue entre les parties pour remédier à toute divergence ou à tout différend résultant de la mise en œuvre du nouvel accord, au lieu de recourir à des sanctions. L'on notera que la rédaction finale prévoit une gradation et différents mécanismes dans la gestion des différends. Le principe des consultations au sein du Conseil des ministres (ou par un sous-comité spécial) a ainsi été retenu pour les questions relatives à l'interprétation de l'accord. Pour ce qui est du respect des obligations, la procédure prévoit des consultations structurées et systématiques à l'issue desquelles la partie notifiante peut prendre des mesures proportionnelles au non-respect des obligations. Même si le mécanisme prévoit la participation aux consultations d'un comité conjoint spécial, le caractère bilatéral desdites consultations reste préservé. L'accord ne définit pas le rôle, la composition et les attributions du comité conjoint spécial. Son institution, qui constitue une réelle innovation, édulcore le caractère bilatéral des consultations (un État OEACP contre tout le bloc européen). Elle est une victoire pour le groupe OEACP.

En somme, la méthode utilisée lors des négociations des questions au niveau politique a consisté à rechercher un compromis sur chacune d'elles. Si la partie OEACP a globalement préservé ses intérêts, elle a dû faire de nombreuses concessions. Le texte définitivement adopté est donc le fruit d'un compromis patiemment négocié.

Chapitre 11 :

L'environnement et le contexte des négociations

Les négociations ont été conduites pour le compte des deux parties par des personnalités et institutions ayant une longue histoire de collaboration. Cela a été un facteur positif qui a contribué à instaurer un climat de confiance et de respect mutuel, bénéfique à la conduite des négociations. En effet, les négociateurs des deux parties, tous résidant à Bruxelles – en dehors du négociateur en chef ACP –, se rencontraient régulièrement dans le cadre des réunions formelles ou informelles des institutions de mise en œuvre de l'accord de Cotonou, du secrétariat de l'OEACP et des ambassades des États membres à Bruxelles.

Toutefois, la controverse sur l'organisation chargée de conduire les négociations pour le compte des États africains membres de l'OEACP, avec en toile de fond le débat sur l'unité et la solidarité de l'OEACP et les non-dits sur le financement de la coopération, ont installé un climat mitigé.

Dès lors, l'atmosphère des négociations, bien que généralement cordiale, était teintée de méfiance et parfois, d'une perceptible frilosité. Des personnalités ACP, en coulisse, n'hésitaient pas à accuser l'UE de vouloir saper la cohésion du groupe en introduisant des protocoles régionaux et en tentant de placer toutes les questions opérationnelles dans le giron desdits protocoles ce qui, de fait, vidait l'OEACP et son secrétariat général de toute substance. Selon certains, un processus de démantèlement institutionnel profond de l'OEACP était en cours. Cette impression a été d'autant plus alimentée qu'au plus fort des négociations sur certaines questions du panier politique, les négociateurs européens ont menacé de revenir en arrière en recourant à l'option de la conclusion d'accords séparés avec chacune des entités régionales.[71]

De plus, les négociateurs ACP estimaient que la pression mise par la partie européenne pour des délais de négociations courts et une attitude

[71] Entretien de l'auteur avec des responsables de l'OEACP.

« à prendre ou à laisser » sur certaines questions importantes étaient des tactiques coercitives, conçues pour faire adopter un texte qui serait préjudiciable aux intérêts de l'OEACP. À cet égard, les négociateurs ACP appelaient constamment à la « vigilance » et, pour se donner un peu d'air, recouraient à la technique consistant à faire usage des capitales pour recevoir des instructions sur des questions spécifiques, en particulier lorsqu'elles voulaient se défaire d'un étau ou essayaient de gagner du temps.

Le ciel s'est particulièrement assombri lorsque, alors que les parties abordaient des questions particulièrement sensibles et que les questions fiscales faisaient partie du panier de négociation, l'UE a publié une liste noire de pays tiers à haut risque de blanchiment d'argent et de financement du terrorisme, laquelle comprenait certains membres de l'OEACP. Cette liste a été et demeure l'un des points majeurs de discordance entre l'UE et les États OEACP, en particulier certains États des Caraïbes[72] qui ont élevé de vives protestations.

En outre, les diligences internes à l'UE en vue de l'adoption de ses directives de négociations, de même que le débat sur l'organisation la plus adéquate pour conduire les négociations pour le compte des États africains, ont causé du retard dans l'ouverture des négociations et ont également souffert des changements des dirigeants des deux organisations impliquées dans les négociations. Cela a été d'abord le cas avec le départ du négociateur européen Stefano Manservisi, même s'il a cependant eu un moindre impact sur les négociations étant donné que le susnommé a été remplacé à son poste par celui qui était jusque-là son adjoint.

La nomination de l'équipe de la nouvelle Commission européenne a toutefois eu une plus grande incidence. Le processus d'installation d'une nouvelle direction de l'UE a commencé en juillet avec la nomination de Charles Michel à la présidence du conseil de l'UE pour un mandat de

---

[72] Le 5 décembre 2017, les États membres de l'UE ont convenu de la toute première liste, au niveau de l'UE, des juridictions fiscales non coopératives. Selon l'UE, cette liste s'inscrit dans le cadre de ses travaux pour lutter contre la fraude et l'évasion fiscales et vise à produire un effet dissuasif plus prononcé auprès des pays qui refusent systématiquement de jouer franc jeu en matière de fiscalité. Cette publication est régulièrement actualisée et comprend à ce jour, plusieurs États membres OEACP qui contestent la méthodologie unilatérale de l'UE et l'impact de telles mesures sur leurs économies.

deux ans et demi débutant en décembre 2019. Alors que la nouvelle commission devait commencer ses travaux le 1er novembre 2019, un délai supplémentaire d'un mois a été observé, de même que la nomination de plusieurs commissaires ; cela a entraîné des retards sur d'importants sujets, notamment le cadre financier pluriannuel de l'UE 2021-2027[73].

D'autres évènements comme la négociation d'une nouvelle relation avec le Royaume-Uni post-Brexit, les différends sur la question de l'état de droit avec certains États membres, des vagues de populisme qui ont balayé l'Europe, la situation sécuritaire fragile autour de la Méditerranée, ont également influencé le cours des négociations.

Au plan géopolitique, l'attention de l'UE a été fortement mobilisée par ses différends avec la Chine associée au besoin urgent de l'Europe de réévaluer ses principaux partenariats, y compris avec les États-Unis de Donald Trump. Avec autant de problèmes urgents, dans le voisinage proche et à l'étranger, d'aucuns estiment que les négociations UE-OEACP ont souvent été reléguées au second plan des priorités européennes.[74]

Du côté des ACP, un nouveau secrétaire général, en l'occurrence Georges Rebelo Pinto Chikoti de nationalité angolaise, a été nommé le 7 décembre 2019 lors de la 110e session du Conseil des ministres ACP à Nairobi et a pris ses fonctions le 2 mars 2020 pour un mandat de cinq ans. Le 9e sommet des chefs d'État et de gouvernement de l'OEACP a également modifié l'accord de Georgetown, créant ainsi l'Organisation des États ACP, organisation intergouvernementale pleine et entière ayant désormais des compétences politiques. Ces changements importants, analysés plus en détail dans le chapitre 4 consacré aux processus transformationnels en cours au sein du groupe ACP, ont eu un impact sur la suite des négociations. Ils ne les ont cependant pas perturbées, car le passage de témoin entre l'équipe entrante et l'équipe sortante a été fluide, d'autant que les négociations étaient menées non

---

[73] Ursula von der Leyen et Joseph Borrell ont été nommés respectivement présidente de la commission et haut-représentant de l'Union pour les affaires étrangères et la politique de sécurité pour des mandats de cinq ans, de décembre 2019 à octobre 2024.

[74] Len Ishmael, INSIGHTS INTO THE EU-OACPS NEGOTIATIONS 2018-2021; What are the implications for the future partnership? #MDPD Studies, The Multinational Development Policy Dialogue - KAS in Brussels, avril 2021.

pas par le secrétariat, mais par les équipes au niveau des ambassadeurs et des ministres.[75]

Le grand élément perturbateur de l'agenda des négociations a été la survenue en mars 2020 de la pandémie de COVID-19. La décision de lock down général prise par les autorités belges le 17 mars 2020 a pratiquement mis fin aux sessions de négociations en présentiel et induit une modalité nouvelle, le recours aux réunions virtuelles. Outre les difficultés liées à la maitrise des outils techniques qui ont soudainement pris une grande place dans les négociations, l'on a noté la difficulté de négocier des points complexes et sensibles lors des réunions virtuelles. La pandémie de COVID-19 a également fait apparaitre des niveaux de préparation différents entre les deux partenaires en termes de *business continuity*. Si la partie européenne a su s'adapter relativement vite aux nouveaux outils, il n'en a pas été de même pour les négociateurs ACP, dont certains recouraient à ces outils pour la première fois et ont dû faire une transition forcée vers ces nouveaux modes d'interaction diplomatiques.[76]

La pause observée entre mars et juin 2020 a également eu pour conséquence la réouverture des discussions sur le cadre financier pluriannuel.

---

[75] Lors de la 116e session du Conseil des ministres ACP, en se félicitant de l'accord obtenu par l'UE pour la signature de l'accord, les ministres n'ont pas manqué de saluer le travail abattu par l'équipe de Patrick GOMES, alors secrétaire général, qui avait entamé les négociations.

[76] Le Sénateur canadien Peter M. Boehma, ancien diplomate, dans un article intitulé « La diplomatie sur Zoom est-elle devenue la nouvelle normalité ? La COVID-19 et la fin de la bise », a fait une réflexion sur l'impact de ces nouveaux outils sur la diplomatie, à la faveur de la crise de COVID-19. https://www.policymagazine.ca/is-zoom-diplomacy-the-new-normal-covid-19-and-the-end-of-the-air-kiss/

Chapitre 12 :

La poursuite des négociations …après les négociations

Le paraphe du texte de l'accord négocié le 15 avril 2021 et sa publication ont certes marqué la fin formelle des négociations. Force est cependant de constater que les diligences se sont poursuivies des deux côtés des configurations négociantes.

1- La définition de la « partie européenne »

Les discussions au sein de l'UE sur la définition de la partie européenne ont eu pour conséquence la réouverture des négociations sur les dispositions finales sur lesquelles un accord avait pourtant été difficilement obtenu.

La Commission européenne a transmis l'accord négocié, traduit dans toutes les langues de l'UE, au conseil le 11 juin 2021. Parallèlement, elle a adopté une proposition au conseil pour la signature et l'application provisoire de l'accord. L'accord paraphé était intitulé « Accord de partenariat entre l'Union européenne d'une part, et les membres de l'Organisation des États d'Afrique, des Caraïbes et du Pacifique, d'autre part ». La commission entendait donc représenter l'UE, ce qui aurait accéléré le processus de ratification du côté de l'UE, étant donné que les États membres n'auraient pas eu besoin de le ratifier au niveau national. Cette option satisfaisait les États OEACP qui avaient formellement souhaité, dans leur mandat de négociations, une entrée en vigueur rapide du nouvel accord. La mixité découlant de la répartition des compétences telle que définie dans les traités, des divergences d'interprétations sont nées entre les institutions. La décision sur la mixité, dans la mesure où elle concerne les compétences partagées entre les États membres et l'Union, appartenait au conseil.

Après moult tractations entre la commission et le conseil, l'UE a convenu que l'accord sera un accord hybride signé aussi bien par l'UE que par les États membres dans le respect des traités européens qui font de la coopération au développement une compétence partagée. Il s'agit donc là d'une continuité avec l'accord de Cotonou.

La définition de la partie européenne, notifiée à l'OEACP au mois de septembre 2021[77], impliquait la modification de certaines dispositions du texte paraphé, notamment les textes entre crochets sur la « partie européenne », l'article 102 qui devait désormais prévoir un dispositif sur l'adhésion des nouveaux membres de l'UE et les articles 88 et 99 sur le quorum applicable aux États membres de l'UE. La commission profitait également de cette occasion pour suggérer « un amendement » visant à « corriger » une « erreur technique » à l'article 6(1), s'agissant spécifiquement des déclarations qui ne devraient pas être considérées comme faisant partie de l'accord.

La définition de la partie européenne comme la commission et les États membres a eu un impact majeur sur l'article 98 (4) relatif à l'application provisoire. Cet article soumet en effet l'application provisoire à l'exclusion du champ d'application des dispositions pour lesquelles les États membres de l'UE ont une compétence exclusive tant que ceux-ci n'auront pas donné leur accord. L'UE s'engageait alors à informer l'OEACP de toutes les exclusions du champ d'application, avant la signature de l'accord.[78]

Cette démarche était délicate pour l'UE qui voulait bien apporter des modifications et corrections au texte paraphé sans pour autant rouvrir les négociations. Elle a donc eu recours à une technique consistant à faire référence aux rajouts et modifications comme s'inspirant des « acquis » de l'accord de Cotonou. Cela a été notamment le cas de la modification relative au quorum dans la prise des décisions au sein des institutions conjointes et celle relative à la suppression des déclarations à l'article 6-1. Dès lors, le comité des ambassadeurs de l'OEACP était simplement invité à « approuver » les modifications et corrections préconisées et à prendre note de l'engagement de l'UE à informer

[77] Cette notification a pris la forme d'une note verbale de la commission adressée au secrétariat de l'OEACP, l'invitant à faire prendre note des informations communiquées par les instances compétentes de l'organisation.

[78] Les dispositions de l'accord exclues du champ de l'application provisoire portent principalement sur les questions sécuritaires, en matière de santé. Il s'agit des articles ci-après du socle commun : art 12 – et 6, art 29-2, art 32-1 (b) et 2, art 64-1, art 85-1, art 67-2, art 68-4, art 72-1, art 76-1. Dans le protocole Caraïbes, les articles concernés sont les suivants : art 24, art 35, art 36-3, art 40-3, art 41.

l'OEACP de toutes les exclusions du champ d'application provisoire du nouvel accord, avant signature de celui-ci.

Ces précautions n'ont cependant pas réussi à éviter une réouverture du débat sur ces questions. En effet, certains membres du comité des ambassadeurs de l'OEACP ont considéré que ces amendements induisaient la réouverture des négociations et ont fait des contre-propositions destinées à faire prendre en compte leurs propres préoccupations. En particulier, le comité des ambassadeurs s'est montré dubitatif face aux nouvelles implications de l'application provisoire, estimant que l'on s'acheminait vers une mise en œuvre sélective de l'accord. Il se réservait le droit d'en faire de même en indiquant les dispositions de l'accord qui seraient exclues du champ d'application provisoire.

Si certains ambassadeurs ACP estimaient que les modifications étaient de pure forme et n'altéraient en rien la substance de l'accord paraphé, d'autres par contre avaient trouvé là l'opportunité de renégocier plusieurs dispositions du texte. Les partisans de cette approche estimaient en outre que le NDICI étant déjà entré en vigueur et n'étant pas lié à l'accord post-Cotonou, l'urgence et même l'opportunité de sa signature ne s'imposaient plus. Même s'il n'y a pas eu de négociations sur la liste négative[79] de l'UE, la partie OEACP a pu formuler ses observations et a veillé à ce que les institutions de mise en œuvre soient activées dans la phase transitoire.

En fait, il était difficile de rouvrir les négociations, le mandat de négociations ACP étant désormais caduc et la structure de négociation mise en place – le groupe central de négociations et le négociateur en chef – démantelée depuis le paraphe de l'accord. Ne pouvant plus revenir aux configurations de négociations initiales, les deux parties ont eu des rencontres ad hoc dans le cadre notamment du comité des ambassadeurs où certains responsables européens ont été invités pour échanger avec les ambassadeurs OEACP sur les dispositions querellées.

---

[79] La liste négative est une pratique courante dans les accords mixtes conclus par l'UE. Dans le cas d'espèce, les parties ont estimé que cette liste qui prend compte de la répartition des compétences entre les institutions européennes ne couvre pas des questions essentielles et n'altère pas la quintessence de l'accord. Il faut dire que l'accord de Cotonou qui était également un accord mixte n'avait pas connu une application provisoire. Par conséquent, il n'y avait pas de liste négative. Toujours est-il que la ratification a été achevée plus de trois ans après sa signature. Le recours à l'application provisoire permet donc d'éviter un délai long entre l'expiration de l'accord de Cotonou, la signature de l'accord de Samoa et son entrée en vigueur.

Il a fallu plusieurs mois à la partie OEACP pour formuler et faire parvenir à l'UE son acceptation des amendements induits par la définition de la partie européenne. Sur recommandation du comité des ambassadeurs, le Conseil des ministres a, au cours de sa 113e session qui s'est tenue par vidéoconférence, approuvé d'une part les amendements qui prévoyaient l'inclusion des États membres de l'UE dans la partie UE et d'autre part, les corrections techniques prévues dans le texte. Il a pris note de la liste négative de l'UE et donné mandat au comité des ambassadeurs pour approuver les corrections techniques apportées aux dispositions du nouvel accord portant sur le règlement intérieur des institutions conjointes et finaliser avec le partenaire européen, la planification de la signature du nouvel accord.[80]

Ainsi, le très long délai entre le paraphe intervenu le 15 avril 2021 et la signature a mis en évidence des manquements et des incertitudes, lesquels ont été accentués par les nouveaux membres du comité des ambassadeurs qui n'avaient pas participé aux négociations et qui ne se sentaient donc pas particulièrement concernés par les consensus difficilement acquis. Le départ, entre temps, des ambassadeurs OEACP qui étaient les piliers de la négociation a contribué à diluer l'attachement du comité des ambassadeurs au texte paraphé.

2- L'agacement de l'OEACP face aux atermoiements de la partie européenne et la poursuite des négociations sous un format ad hoc

L'acceptation du texte modifié par le Conseil des ministres OEACP, s'il a mis fin aux tractations directes entre les parties, n'a cependant pas permis une conclusion rapide du traité qui faisait encore l'objet de tractations entre les États membres et les institutions européennes. Ces tractations qui ont eu lieu à huis clos ont été source d'agacement de la part de l'OEACP dont les instances n'ont cessé de dénoncer ce qu'elles considéraient comme des blocages et d'appeler à un accord rapide pour permettre la signature du texte. Ainsi, en sa 114e session en juin 2022, le Conseil des ministres OEACP, tout en approuvant une nouvelle extension d'un an de l'application provisoire de l'accord de Cotonou jusqu'en juin 2023, exprimait sa « vive préoccupation » quant au retard pris dans la conclusion du nouvel accord et notait que ce retard est le fait des « procédures de l'UE ». Dans un texte qui avait valeur de

---

[80] Voir la décision n° 1/CXIII/21 de la 113e session ordinaire du Conseil des ministres de l'OEACP du 30 novembre au 2 décembre 2021.

décision, les ministres OEACP demandaient aux États européens concernés d'envisager positivement et de faciliter le fonctionnement normal de la relation. Il faut relever qu'avant cette prise de position, le président en exercice du sommet des chefs d'État et de gouvernement avait déjà saisi les institutions européennes (conseil, commission et parlement) pour ce blocage en vain. Dans une autre résolution adoptée en novembre 2022, les ministres ACP vont encore plus loin, notant que la prolongation des mesures transitoires au-delà du 30 juin 2023 « serait extrêmement inquiétante et pourrait entamer davantage la confiance à l'égard du partenariat entre les deux pays ». Ces inquiétudes de l'OEACP ont été exprimées lors du 10e sommet qui s'est tenu à Luanda le 9 décembre 2022.[81] De fait, l'accord post-Cotonou n'a jamais cessé d'être inscrit à l'ordre du jour des instances décisionnelles de l'OEACP.

Il est donc important de noter que le cadre des négociations mis en place par l'OEACP a laissé la place à la fin à ses organes permanents, lesquels ont parachevé le processus jusqu'à la signature de l'accord. Ni le groupe central de négociations déjà dissout ni le négociateur en chef n'ont pris part à cette dernière phase de négociations de l'accord.

3- La détermination du lieu de la signature de l'accord

L'autre sujet qui a mobilisé l'attention des parties après le paraphe de l'accord a été le lieu de sa signature. Même si la question n'avait pas été inscrite à l'ordre du jour des négociations, les parties avaient néanmoins échangé de manière plus ou moins formelle. Il faut rappeler que plusieurs pays OEACP se sont portés candidats pour abriter la cérémonie de signature du nouvel accord. L'on comprend aisément l'engouement des États, au regard de la publicité donnée au pays ou à la ville retenue. Au final, pour diverses raisons, Samoa a été retenu par le Conseil des ministres OEACP pour abriter la cérémonie de signature.

En l'absence d'un accord formel de la partie européenne, le Conseil des ministres de novembre 2022 a cru devoir réaffirmer « que Samoa demeure toujours le pays retenu pour abriter la cérémonie de signature du nouvel accord qui sera connu sous le nom : « Accord de Samoa ».

---

[81] Lors de sa 115e session le 28 novembre 2022, le Conseil des ministres de l'OEACP réitérait sa préoccupation face au retard accusé dans la signature du nouvel accord, dû au « fait qu'un État membre bloque l'approbation de celui-ci par l'UE ».

4- Les échanges sur le financement de l'accord

Les échanges sur le financement de l'accord qui avaient été survolés lors des négociations se sont poursuivis et accentués après le paraphe. Il convient de rappeler qu'au moment du paraphe, l'instrument de voisinage, de la coopération au développement et de la coopération internationale n'était pas encore adopté. Même s'il ne s'agissait pas à proprement parler de négociations, les échanges sur cette question visaient à partager les informations sur le processus législatif en cours au sein de l'UE pour adopter son plan financier pluriannuel et en particulier l'IVCDCI. Ayant perdu la bataille lors des négociations, l'OEACP et ses États membres espéraient encore influencer le processus interne de l'UE pour obtenir des garanties sur les montants alloués et la pérennisation de certains mécanismes du FED, notamment la cogestion. L'UE s'est prêtée au jeu, distillant au fur et à mesure les informations et organisant des séminaires pour renforcer les capacités de l'OEACP sur les nouveaux instruments.

Les préoccupations de l'OEACP étaient triples. Il s'agissait d'abord d'amener le partenaire européen à concrétiser l'engagement pris dans son projet de déclaration sur le financement du secrétariat, ensuite, de l'amener à associer le secrétariat à la formulation des programmes intercontinentaux et multipays et enfin, de garantir l'implication du secrétariat de l'OEACP dans la mise en œuvre de ceux-ci.[82] En parallèle, l'OEACP a poursuivi ses réflexions sur son rôle dans la mise en œuvre de l'accord et de l'instrument de financement européen. Les réponses à ces questions ne sont pas encore définitives.

Le paraphe de l'accord en avril 2021 n'a donc pas mis fin à la négociation de l'accord. Cette négociation s'est prolongée dans un cadre et un format différents, sur des sujets variés comme le financement de la coopération, les implications de la définition de la partie européenne et le lieu de la signature de l'accord. Ces discussions se sont poursuivies au sein des instances OEACP jusqu'au moment de la signature, certains États souhaitant émettre des réserves à l'accord, faire des déclarations interprétatives ou simplement modifier certaines dispositions jugées non satisfaisantes.

---

[82] Voir le chapitre 20 sur la place de l'OEACP dans la mise en œuvre de l'accord de Samoa.

PARTIE 4 :

L'ACCORD DE SAMOA : RUPTURES ET CONTINUITÉS

Chapitre 13 :

Le contenu de l'accord de Samoa

L'accord de Samoa est un accord politique juridiquement contraignant conclu pour une période vingt ans et qui institue un partenariat politique renforcé entre les parties. Il peut être tacitement prorogé pour une période de cinq (5) ans, à moins que les parties ne décident de le résilier ou de le proroger avant l'expiration de la période initiale de vingt (20) ans. La revue à mi-parcours prévue en 2030 coïncidera avec la date cible des ODD adoptée par l'ONU en 2015. Ce sera l'occasion d'actualiser l'accord à la lumière de tout nouvel engagement qui aurait été pris sur la scène mondiale.

C'est un accord qui comprend un préambule, une section générale (le socle commun) comprenant six (6) parties et deux annexes (l'une sur les processus de retour et de réadmission et l'autre sur les opérations de la Banque européenne d'Investissement), trois protocoles régionaux (Afrique, Caraïbes et Pacifique). Il est complété par deux déclarations qui n'en sont pas une partie intégrante (l'une, de l'UE, sur les moyens de coopération et de mise en œuvre et l'autre, des parties prenantes à l'accord liées par le protocole régional Afrique/UE qui sont membres de l'OEACP, relative aux DOM-TOM). Les parties ont convenu qu'aucune autre déclaration ou réserve ne sera émise par aucune des deux parties lors de la signature ou de la ratification.

Le socle commun comprend 104 articles structurés autour de six parties. Il expose les valeurs et les principes qui unissent les pays ACP et UE et précise les domaines stratégiques prioritaires de la coopération. Dans le socle commun, sont également exposés les moyens de la coopération, le cadre institutionnel et les dispositions finales. Ce cadre global commun UE-ACP a une forte dimension parlementaire à la demande et sur insistance du parlement européen.

Les trois protocoles régionaux mettent l'accent sur les besoins de chaque région. Une gouvernance spécifique propre aux protocoles régionaux sera appliquée pour gérer et piloter les relations avec l'UE et les différentes régions concernées. Avec la suppression du FED, l'accord ne dispose pas d'un protocole financier. L'instrument de financement sera le NDICI adopté par parlement européen en juin 2021.

Les dispositions de la section générale (socle commun) sont juridiquement contraignantes pour toutes les parties à l'accord. Les dispositions des protocoles régionaux sont contraignantes pour la partie européenne et les parties Afrique, Caraïbes et Pacifique, chacune en ce qui la concerne.

Dans la typologie des accords conclus par l'UE, l'accord se range dans la catégorie des accords d'association conclus sur la base de l'article 217 TFUE. Selon la commission qui a négocié l'accord, il aurait dû être signé et conclu par l'Union seule, et ce, alors même que son contenu excède de loin le périmètre des compétences exclusives de l'Union. Au final et sur décision du conseil, il a pris la forme d'un accord mixte, conclu à la fois par l'Union et par ses États membres. C'est dire que, sont simultanément parties à l'accord, « plus ou moins » comme une « partie unique », l'UE et ses États membres d'une part, et les États OEACP, d'autre part.

En exigeant que l'accord soit mixte, certains observateurs estiment que le conseil n'a pas tiré les leçons du chemin de croix de la ratification du CETA (quatre ans et demi après sa signature, seuls 15 des 27 États membres l'ont ratifié et le parlement chypriote l'a rejeté au mois de juillet 2021). Il avait notamment la possibilité de s'aligner sur la position de la commission en recourant opportunément à la possibilité explicitée par la cour de justice dans son arrêt Commission c. Allemagne du 5 décembre 2017, de renoncer à la mixité quand bien même l'accord porterait en partie sur des compétences partagées. L'on se souvient que l'accord de commerce et d'association signé entre l'UE et le Royaume-Uni de Grande-Bretagne a été ratifié par l'UE seule, alors même que son contenu excède de loin le périmètre des compétences exclusives de l'Union, en particulier la partie consacrée à la coopération des services répressifs et judiciaires en matière pénale ; il aurait donc dû en principe prendre la forme d'un accord mixte.

Le recours aux accords mixtes fait partie des solutions pragmatiques permettant de jouer avec l'évolution du partage des compétences entre l'UE et ses États membres. Cette solution semble ingénieuse puisqu'elle parait offrir des garanties tant pour la capacité à s'engager (que ce soit l'UE ou les États membres, la compétence appartient nécessairement à l'une ou aux autres) que pour la mise en œuvre.[83]

Mais en recourant à un accord mixte, la partie européenne fait peser une incertitude sur son entrée en vigueur, car il doit être signé et ratifié par tous les États membres de l'UE. Telle est d'ailleurs la raison qui a poussé de nombreux États ACP à exiger des clarifications et garanties lors des négociations de cette disposition de l'accord, notamment lorsqu'il est apparu que la mise en œuvre provisoire ne concernait pas les dispositions qui, selon le droit européen, relèvent de la compétence des États membres.

L'accord étant un accord global, en le signant, les États s'engagent de façon implicite à une mise en œuvre holistique de toutes ses dispositions, lesquelles sont liées. L'accord fait obligation aux parties d'adopter des positions communes et de mettre en œuvre des actions conjointes dans un cadre multilatéral.

- **Les objectifs de l'accord**

L'accord vise à réaliser les objectifs de développement durable. Le programme de développement durable à l'horizon 2030 et l'accord de Paris sur les changements climatiques sont les cadres généraux qui régissent ce partenariat. Ses objectifs sont :

- promouvoir, protéger et réaliser les droits de l'homme, les principes démocratiques, l'État de droit et la bonne gouvernance en accordant une attention particulière à l'égalité homme-femme ;
- bâtir des États et des sociétés pacifiques et résilients ;
- mobiliser l'investissement, appuyer le commerce et promouvoir le développement du secteur privé ;
- promouvoir le développement humain et social et plus particulièrement, éradiquer la pauvreté et lutter contre les inégalités ;
- lutter contre le changement climatique, protéger l'environnement et assurer la gestion durable des ressources naturelles ;

[83] Yuliya KASPIAROVICH & Nicolas LEVRAT, « Le droit international public met-il le fédéralisme coopératif hors-jeu ? Réflexions autour des « accords mixtes » de l'UE », *Fédéralisme Régionalisme* [En ligne], Volume 18 : 2018, Le fédéralisme coopératif comme terrain de jeu du droit, Articuler les équilibres fédéraux et les enjeux globaux : un jeu d'adresse, URL : https://popups.uliege.be/1374-3864/index.php?id=1759.

- mettre en œuvre une approche globale et équilibrée pour la migration.

La formulation retenue à son article 1, qui place les questions politiques au-dessus de celles liées à la lutte contre la pauvreté, marque une démarcation nette et majeure par rapport à l'accord de Cotonou dont le partenariat était centré sur l'objectif de réduction et à terme, d'éradication de la pauvreté et d'une intégration progressive des pays ACP dans l'économie mondiale. À cet égard, il n'y a pas un alignement à la lettre sur l'article 208 du traité sur le fonctionnement de l'UE[84].

La régionalisation du partenariat était un objectif clé du côté de l'UE qui tenait à différencier les priorités de sa coopération avec les trois blocs régionaux. Mais l'idée n'avait pas été favorablement accueillie par les négociateurs ACP qui craignaient un démantèlement du groupe. Pour sauvegarder son unité, les négociateurs ACP ont insisté pour donner du contenu au socle commun et le faire prévaloir sur les protocoles régionaux qui ne sont pas dissociables de l'accord.

Pendant les négociations, au nom de l'unité et de la cohésion du groupe ACP, les négociateurs ACP ont tenu à ce qu'il soit bien noté que l'accord est un engagement unique, juridiquement contraignant, de manière à prévenir l'éventualité d'une forte émancipation des entités régionales qui auront la charge de mettre en œuvre les protocoles régionaux. L'on se souvient des échanges préalables à l'ouverture des négociations qui ont porté sur le rôle des entités régionales dans la mise en œuvre de l'accord.

Ce souci constant a permis de préserver une cohérence d'ensemble du texte. En effet, le dispositif étagé convenu a permis de ne discuter dans les protocoles régionaux que des questions déjà convenues dans le socle commun. De la sorte, l'accord rend bien compte de la volonté affichée par les parties de préserver les acquis de Cotonou/Lomé, de ne pas « briser » le groupe ACP et de prévenir l'émancipation des entités régionales.

---

[84] Selon l'article 208 du traité sur le fonctionnement de l'Union européenne, la réduction et l'éradication de la pauvreté sont définies comme les objectifs principaux de la politique de l'Union dans le domaine du développement et exigent de l'Union et de ses États membres qu'ils respectent les engagements pris dans le cadre des Nations Unies et d'autres organisations internationales compétentes et qu'ils tiennent compte des objectifs de la coopération au développement dans les politiques qu'ils mettent en œuvre et qui sont susceptibles d'avoir une incidence sur les pays en développement.

Si les priorités stratégiques sont les mêmes dans le socle commun et dans tous les protocoles régionaux, il va sans dire que leur déclinaison dans les protocoles tient compte des particularités de chacune d'elles. Par exemple, dans le protocole Afrique, l'accent est mis sur les questions de paix et de sécurité et la migration, alors que le changement climatique occupe une place prépondérante dans les protocoles des Caraïbes et du Pacifique. Seulement, la négociation des protocoles régionaux ne s'est pas faite dans un contexte de coordination optimale. Le texte peut parfois paraitre redondant au regard des nombreux doublons qui existent entre la fondation et les protocoles régionaux. Cette technique rédactionnelle était voulue, pour assurer une cohérence d'ensemble.

Si les négociateurs ACP peuvent se satisfaire d'avoir préservé l'unité et la cohésion du groupe, il y a lieu de constater, à la lumière des dispositifs institutionnels et de certaines dispositions finales, que les entités régionales acquièrent une véritable autonomie. Le souci d'unité et de cohésion tant recherché par les négociateurs ACP se limitera aux questions d'ordre politique, tandis que le centre de gravité de la coopération va véritablement se déplacer vers les régions. Le cadre de Cotonou faisait déjà référence aux régions avec les Programmes indicatifs régionaux (PIR). Il s'agit donc là d'une évolution dans la complémentarité.

Tableau 6 : Structure du nouvel accord de partenariat ACP-UE

PARTIE I – DISPOSITIONS GÉNÉRALES

PARTIE II – PRIORITÉS STRATÉGIQUES

TITRE I – DROITS DE L'HOMME, DÉMOCRATIE ET GOUVERNANCE AU SEIN DE SOCIÉTÉS AXÉES SUR LES PERSONNES ET FONDÉES SUR LES DROITS

TITRE II – PAIX ET SÉCURITÉ

TITRE III – DÉVELOPPEMENT HUMAIN ET SOCIAL

TITRE IV – CROISSANCE ET DÉVELOPPEMENT ÉCONOMIQUES INCLUSIFS ET DURABLES

TITRE V – DURABILITÉ ENVIRONNEMENTALE ET CHANGEMENT CLIMATIQUE

TITRE VI – MIGRATION ET MOBILITÉ

PARTIE III – ALLIANCES MONDIALES ET COOPÉRATION INTERNATIONALE

PARTIE IV – MODALITÉS DE LA COOPÉRATION ET MISE EN ŒUVRE

PARTIE V – CADRE INSTITUTIONNEL PARTI

VI – DISPOSITIONS FINALES

- **La couverture géographique de l'accord**

La couverture géographique de l'accord reste assez stable avec 27 pays européens et 79 pays ACP. Au moment de la signature de l'accord de Cotonou en 2000, l'UE ne comptait que 15 pays membres. L'adhésion de 13 nouveaux membres et le départ du Royaume-Uni ont sans aucun doute modifié les priorités de l'UE et son équilibre interne tout en rendant les négociations extérieures plus complexes. Du côté des ACP, quelques changements notables ont également eu lieu. L'adhésion du Soudan du Sud, devenu indépendant en 2011, avait déjà modifié la constitution du groupe. L'adhésion des Maldives en 2022 concrétise la volonté d'ouverture de l'organisation qui a cependant subi le départ de la République sud-africaine la même année.

- **Les priorités stratégiques de l'accord**

Les domaines stratégiques prioritaires de la coopération qui découlent des objectifs susmentionnés sont les suivants :

- droits de l'homme, démocratie et gouvernance dans des sociétés centrées sur les personnes et fondées sur les droits ;
- paix et sécurité ;
- développement humain et social ;
- croissance et développement économiques inclusifs et durables ;
- durabilité environnementale et changement climatique ;
- migration et mobilité.

Si les questions politiques sont évidemment fondamentales et essentielles pour l'accord et ses protocoles, l'accent est mis sur les enjeux environnementaux et climatiques en s'inspirant des engagements pris lors de la COP 21, à Paris et du Green Deal européen. Les engagements des parties deviennent beaucoup plus spécifiques dans le nouvel accord, lequel fait référence aux contributions déterminées au niveau national et aux plans nationaux d'adaptation. Le climat et l'environnement sont prépondérants dans le protocole du Pacifique.

La transition numérique apparait également comme un sujet à part entière. À la lumière des récentes pandémies, les articles traitant de la santé insistent sur la prévention des nouvelles menaces et la coopération pour lutter contre les crises sanitaires mondiales.

Dans le nouveau traité, le développement économique semble prévaloir sur le développement humain comme le montrent les protocoles régionaux. La priorité va à la promotion de l'investissement et au rôle du secteur privé en tant que moteur de croissance. Les Gouvernements étant appelés à créer un climat des affaires favorable, les finances publiques, y compris l'aide de l'UE devraient être utilisées de « manière innovante » sous la forme de *blending* et de garanties bancaires.

À la croisée des chemins entre la démographie et les droits des femmes, la question de la santé et des droits sexuels et reproductifs a été parmi les plus difficiles à traiter en raison de profondes divergences de vues entre l'UE et les ACP, mais aussi au sein de l'UE elle-même. La formule de compromis qui a été trouvée au cours des étapes finales des négociations peut ne pas répondre pleinement aux attentes des États membres et des acteurs de la société civile les plus engagés sur la question. Pourtant, en définissant la sexualité et la santé reproductive en matière de droits humains, l'accord fournit un point de départ utile pour approfondir le dialogue entre les parties sur un sujet qui reste très sensible.

La migration, question très sensible pendant les négociations, apparait comme le principal nouveau défi de l'accord. À titre de comparaison, la migration était abordée dans un seul article dans l'accord de Cotonou (Art 13). Le nouvel accord lui consacre un titre entier comprenant cinq chapitres et 14 articles, une annexe spécifique dans la fondation et un autre titre distinct dans le protocole Afrique (sept articles). Un chapitre comportant des obligations essentielles porte sur le retour et la réadmission (article 74). Les causes profondes de la migration et la relation entre la migration et le développement sont abordées, mais pas vraiment développées. L'accord est principalement axé sur la gestion des flux migratoires, la lutte contre la migration irrégulière et la traite des personnes.

Assurer la cohérence des politiques pour le développement reste un objectif important du nouvel accord, mais l'obligation d'information et le mécanisme de consultation qui figuraient dans les conventions précédentes ont été édulcorés (article 12 de l'accord de Cotonou). Sur ce point, la partie ACP a manqué de pugnacité pour essayer de préserver cet acquis. Il reste un engagement général – applicable à la fois à l'UE et aux ACP – d'informer et, le cas échéant, de consulter les autres parties lorsque des mesures sont envisagées qui pourraient les affecter de manière significative (article 3 sur le dialogue de partenariat). Le manque d'engouement des États ACP pour cette disposition s'explique sans doute par le fait que, régulièrement utilisé dans les années 80 et 90 pour protéger leurs intérêts, le mécanisme était malheureusement tombé en désuétude depuis 2000 ; il n'a pas été activé par les ACP à des occasions importantes pour eux, comme le début des négociations sur le Brexit ou la préparation du nouveau cadre financier pluriannuel de l'UE 2021-2027.

- **L'entrée en vigueur de l'accord**

Pour la signature de l'accord, les parties avaient convenu d'une présignature à Bruxelles par tous les États membres de l'UE et les États OEACP qui le souhaitaient. À Samoa, 43 États OEACP ont procédé à la signature de l'accord. Plusieurs autres ont accompli cette formalité dans les six mois suivant la signature à Samoa. L'accord de Samoa est entré provisoirement en vigueur le 1er janvier 2024, soit deux mois après sa signature pour tous les États OEACP qui ont signé l'accord au plus tard le 30 novembre 2023. Les dispositions concernées par l'application provisoire font l'objet d'une notification de la partie européenne et découlent de la décision européenne sur la nature de l'accord et les parties à l'accord. En effet, l'accord étant mixte, les dispositions relevant des compétences des États ne peuvent être appliquées qu'après ratification par ceux-ci. C'est dire que l'entrée en vigueur provisoire ne concerne pas les États membres de l'UE, mais uniquement l'UE et les États OEACP signataires.

Les dispositions ci-après de l'accord sont exclues du champ de l'application provisoire.

Dans la partie générale :

– article 12, paragraphes 4 et 6, dans la mesure où l'accord concerne la perception des recettes fiscales ;

– article 17, paragraphe 4, dernière phrase, dans la mesure où il concerne les dépenses militaires ;

– article 22, paragraphe 2, troisième phrase ;

– article 29, paragraphe 2 ; – article 32, paragraphe 1, point b) ; et article 32, paragraphe 2, dernière phrase ;

– article 64, paragraphe 1, dernière phrase ; – article 67, paragraphe 2 ; – article 85, paragraphe 1, première phrase ; et article 85, paragraphe 4.

Dans le protocole régional pour l'Afrique :

– article 9, paragraphe 1, dernière phrase ;

– article 58, paragraphe 5, première phrase ;

– article 67, paragraphe 2, dernière phrase ; et article 67, paragraphe 4, dernière phrase ;

– article 68, paragraphe 4, dans la mesure où il concerne les systèmes pénitentiaires ;

– article 72, paragraphe 1, dans la mesure où il concerne la gestion de la dette publique ;

– article 76, paragraphe 2.

Dans le protocole régional pour les Caraïbes :

– article 33, paragraphe 4 ;

– article 34, paragraphe 2 ;

– article 35, dans la mesure où il concerne la gestion de la dette publique ;

– article 36, paragraphe 3, première phrase ;

– article 51, paragraphe 5, première phrase ;

Dans le protocole régional pour le Pacifique :

– article 18 ;

– article 26, paragraphe 4, dans la mesure où il concerne l'augmentation des liaisons et de la fréquence des services aériens ;

– article 40, paragraphe 3, dans la mesure où il concerne les systèmes pénitentiaires ;

– article 41, paragraphe 1, dans la mesure où il concerne la gestion de la dette publique.

Les dispositions relatives aux investissements étrangers ne sont pas appliquées à titre provisoire, dans la mesure où elles concernent des investissements de portefeuille ou toute autre forme d'investissement non direct.

L'accord entre définitivement en vigueur après dépôt des instruments de ratification de l'UE et de ses États membres et au moins deux tiers des États membres de l'OEACP (article 98). Il faut dire que l'entrée en vigueur a été une source permanente d'inquiétude de la part des États OEACP qui craignaient, au regard de la sélectivité des dispositions soumises à l'application provisoire, que des pans entiers de l'accord soient occultés. Cette crainte est aggravée par le fait que la procédure de ratification par les États membres européens pourrait connaitre des lenteurs pour diverses raisons. Pour dissiper ces inquiétudes, des engagements politiques ont été pris de part et d'autre, l'accent devant être mis sur l'adoption des règlements intérieurs des différentes institutions de mise en œuvre.

Chapitre 14 :

Les acteurs et les institutions conjointes du partenariat

1- Les acteurs du partenariat

Le traité est conclu entre les Gouvernements (partie OEACP) et les Gouvernements et la Commission européenne. Il implique des organisations régionales ACP (article 5) et accorde une place particulière aux acteurs non étatiques et aux parties prenantes : les opérateurs privés, les autorités locales, la société civile sont censés prendre une part active au dialogue avec chaque pays partenaire et devraient être impliqués autant que possible dans la mise en œuvre des programmes de coopération (article 5-3).

Il n'a pas été aisé pour les négociateurs de s'accorder sur les acteurs de la coopération. En effet, l'OEACP souhaitait reproduire ce qui figurait déjà dans l'accord de Cotonou où les États étaient les acteurs principaux qui déterminaient, « en toute souveraineté », les principes et stratégies de développement et les modèles de leurs économies et de leurs sociétés. Ce faisant, l'accord de Cotonou avait consacré une approche étato centrée, ne reconnaissant aux acteurs non étatiques, aux parlements, à la société civile et aux autorités locales décentralisées qu'un « rôle complémentaire » et une « contribution potentielle » (article 4 de l'accord de Cotonou). Au mieux, ces acteurs non étatiques étaient justes « tenus informés » et « impliqués » dans la consultation sur les politiques et stratégies de coopération. En outre, l'accord de Cotonou consentait à ce qu'ils reçoivent une assistance au renforcement de leurs capacités.

Le nouvel accord rompt avec la statolatrie ; il va au-delà du principe général d'information et de consultation des acteurs non étatiques en engageant les parties à la mise en place de « mécanismes ouverts et transparents de consultation structurée avec les parties prenantes » (article 95). S'il reconnait que les Gouvernements jouent un rôle central, il institue une gradation par rapport aux autres acteurs qui, dans le précédent accord, étaient considérés comme un ensemble homogène (article 5). À côté de la centralité des États, le nouvel accord affirme le « rôle essentiel » des parlements ainsi que le « rôle » des autorités locales. Il souligne « le rôle et la contribution majeurs des parties prenantes, sous toutes leurs formes », notamment la société civile, les partenaires économiques et sociaux, y compris les organisations syndicales et le secteur privé, dont il convient de promouvoir et de renforcer la participation efficace.

Désormais, toutes ces parties prenantes doivent être consultées et informées au sujet des stratégies et des politiques sectorielles ; elles doivent apporter leurs contributions au processus global de dialogue en plus du renforcement de leurs capacités. Elles ne sont plus simplement « impliquées », mais « participent » à la mise en œuvre des programmes de coopération. L'on sent clairement la volonté des parties, dans la formulation des dispositions concernant les acteurs, de renforcer le poids des acteurs non étatiques au-delà des mutations sémantiques. Malgré cette formulation qui a évolué, rien ne garantit cependant que les acteurs non étatiques seront réellement impliqués dans la mise en œuvre de l'accord.

À cet égard, l'accord de Cotonou avait déjà institué une évolution majeure qui n'a cependant pas été mise en œuvre de manière substantielle. En effet, l'implication des organisations de la société civile ACP est restée marginale, les États ayant préservé un monopole auquel ils ne sont pas pressés de renoncer. Très probablement, l'Assemblée parlementaire paritaire, sans doute en raison de la capacité réelle du parlement européen dans la politique extérieure de l'Union, jouera le rôle qu'on attend d'elle.

En tout état de cause, il convient de souligner que l'accord affirme clairement que dans sa mise en œuvre, les parties doivent suivre une approche multipartite. En outre, pour chacun des trois protocoles régionaux, le cadre institutionnel du partenariat régional prévoit la tenue d'un dialogue régulier entre les institutions et les parties prenantes (articles 5 et 6).

L'engagement constructif d'un large éventail de parties prenantes, y compris la société civile, est censé profiter au nouveau partenariat OEACP-UE, car il contribuera à faire de sa mise en œuvre un processus inclusif qui tient compte des besoins des citoyens et des priorités des parties prenantes. Par conséquent, la confiance des citoyens dans le partenariat et sa légitimité en tant que cadre juridique régissant les relations entre l'OEACP et l'UE seront renforcées.

Au-delà de ces bonnes intentions, la question qui se pose est de savoir comment définir des mécanismes et des lignes directrices appropriés pour la participation des parties prenantes à l'accord afin de garantir une mise en œuvre efficace. Dans cette perspective, un partenariat a été engagé avec l'unité « Gouvernement ouvert » de l'Organisation pour la coopération et le Développement économique en vue de mettre en œuvre un projet visant à créer une méthodologie et un instrument facilitant et réglementant la participation de la société civile et d'autres parties prenantes concernées à la gouvernance du nouvel accord de partenariat. Le projet, qui aborderait d'abord la question de la participation des parties prenantes au partenariat UE-Afrique, élaborera une méthodologie pour la participation structurée des citoyens, de la société civile et des autres parties prenantes concernées à la mise en œuvre des trois partenariats régionaux du nouvel accord de partenariat et élaborera une proposition d'instrument qui ferait partie de la gouvernance de l'accord. Son objectif est de faciliter la consultation et l'engagement des parties prenantes sur les différents aspects mondiaux et sous-régionaux du partenariat.

Conformément au libellé de l'article 95 de l'accord, l'OCDE proposera un ou plusieurs instruments compatibles avec au moins le deuxième niveau de participation des parties prenantes selon la définition adoptée par l'OCDE, notamment :

1) l'information - un premier niveau de participation caractérisé par une relation à sens unique dans laquelle le Gouvernement produit et fournit des informations aux parties prenantes ;

2) la consultation - un niveau de participation plus avancé qui implique une relation bidirectionnelle dans laquelle les parties prenantes fournissent un retour d'information au Gouvernement et inversement ;

3) l'engagement - lorsque les parties prenantes ont la possibilité et les ressources nécessaires pour collaborer à toutes les phases du cycle politique.

Le recours aux standards de l'OCDE a été contesté par les États ACP qui ne sont pas membres de cette organisation et n'ont donc pas adhéré à la recommandation du conseil de l'OCDE de 2017 sur le

Gouvernement ouvert, considéré comme premier instrument juridique international en la matière. Ce sujet est à nouveau une source de tensions entre l'UE et les États membres de l'OEACP qui ont toujours été réticents à une grande prise en compte de la société civile et des acteurs non étatiques.[85]

L'autre innovation, s'agissant des acteurs du partenariat, concerne les organisations régionales, sous-régionales et continentales. L'accord souligne leur « rôle important (…) notamment en ce qui concerne les protocoles régionaux » (article 5-2). L'accord de Cotonou reconnaissait déjà les organisations régionales ACP et l'Union africaine comme les acteurs du partenariat. Avec l'adoption des protocoles régionaux, ces organisations qui ne sont certes pas parties à l'accord sont désormais appelées à jouer un rôle prépondérant, d'autant plus que les aspects opérationnels et programmatiques de la coopération sont compris dans lesdits protocoles, ce qui traduit dans les faits le déplacement du centre de gravité invoqué dans les différents documents préparatoires produits par la partie européenne. Le protocole régional pour l'Afrique (article 3) prévoit à cet égard que dans leur aspiration à réaliser les priorités continentales énoncées dans l'agenda 2063, les parties reconnaissent le rôle de l'UA et des Communautés économiques régionales (CER) dans les questions continentales et transrégionales. Dans ce contexte, elles peuvent engager un dialogue et une coopération sur des questions transrégionales et continentales avec les pays africains qui ne sont pas parties au présent accord. Elles sont censées jouer un rôle « en tant qu'élément essentiel ». Ce rôle dépendra du statut juridique de ces organisations et du mandat qu'elles ont reçu de leurs États membres respectifs.

2- Les institutions conjointes de mise en œuvre du partenariat

Toutes les institutions conjointes figurent dans le socle commun (partie V, articles 86 à 94), y compris celles régissant les protocoles

[85] Selon les termes de référence du projet, l'objectif de l'instrument proposé par l'OCDE qui pourra être intégré dans le nouvel accord de partenariat sera de faciliter la consultation et l'implication des parties prenantes dans les différents aspects mondiaux et sous-régionaux du nouveau partenariat. Il pourrait s'agir, entre autres, d'engager avec elles un dialogue avant les déclarations et actes que le Conseil des ministres et les assemblées parlementaires conjointes examineront et adopteront sur les positions communes que l'UE et les pays de l'OEACP pourraient décider d'adopter dans les enceintes internationales, sur le suivi de la mise en œuvre du partenariat et sur les priorités et le fonctionnement du partenariat, plus généralement.

régionaux. Le nouvel accord conserve les institutions conjointes qui ont été créées dans le cadre des conventions précédentes. Cependant, il prévoit que ces instances fonctionnent désormais à deux niveaux différents : un format plénier lorsque le dialogue implique l'UE et l'ensemble des États membres de l'OEACP, et un format régional lorsque des questions spécifiques à l'Afrique, aux Caraïbes ou au Pacifique seront traitées (voir infra, régionalisation de l'accord).

- Les institutions conjointes OEACP/UE sont :
- le Conseil des ministres OEACP-UE ;
- le comité OEACP-UE au niveau des ambassadeurs et des hauts fonctionnaires ;
- l'Assemblée parlementaire paritaire OEACP-UE.

Les parties peuvent se réunir au niveau des chefs d'État ou de gouvernement dans un format approprié et selon un calendrier et un programme arrêté de commun accord.

Les institutions conjointes aux niveaux régionaux sont :

- un conseil des ministres régional ;
- un comité conjoint régional ;
- une assemblée parlementaire régionale.

Les parties à chaque protocole régional peuvent également se réunir au niveau des chefs d'État ou de gouvernement dans un format approprié et selon un calendrier et un programme arrêté de commun accord. Il convient de noter que les rencontres au niveau des chefs d'État et de gouvernement, tant au niveau du socle commun que des protocoles régionaux, ne sont cependant pas formellement considérées par l'accord comme des institutions conjointes.

Tableau 7 : Missions des institutions plénières

Institutions au niveau ACP	Composition	Fonctions	Fréquence des rencontres	Autres
Conseil des ministres conjoint OEACP/UE	Il est constitué d'une part, d'un représentant de chaque membre de l'OEACP au niveau ministériel et d'autre part, de représentants de la [« partie européenne »] au niveau ministériel.	- Il fournit des orientations politiques stratégiques ; - il supervise la mise en œuvre efficace et cohérente de l'accord ; - il adopte des lignes directrices politiques et prend des décisions pour matérialiser les aspects spécifiques nécessaires à la mise en œuvre des dispositions de l'accord ; - il adopte des positions communes et convient d'actions conjointes dans le domaine de la coopération internationale ; - il facilite la coordination dans les organisations et enceintes internationales ; - il examine et prend en considération les résolutions et recommandations adoptées par l'Assemblée parlementaire paritaire.	Il se réunit en principe tous les trois ans et à chaque fois qu'il apparait nécessaire à l'initiative des coprésidents, sous une forme et dans une composition appropriée en fonction des thèmes à traiter.	- Il est coprésidé par le président désigné par les membres de l'OEACP d'une part, et le président désigné par l'UE, d'autre part ; - les décisions et recommandations sont adoptées d'un commun accord des parties ; - ses décisions sont contraignantes pour toutes les parties, sauf dispositions contraires ; - ses travaux ne sont valides que si les représentants de l'UE et deux tiers des membres représentant les Gouvernements des membres de l'OEACP sont présents.
Comité OEACP-UE au niveau des ambassadeurs et hauts fonctionnaires	Il est composé d'une part, d'un représentant de chaque membre de l'OEACP au niveau des ambassadeurs ou des hauts fonctionnaires et du secrétaire général de l'OEACP en tant que membre de droit et d'autre part, de	- Il prépare les sessions du Conseil des ministres ACP-UE ; - il l'assiste dans l'exécution de ses tâches ; - il met en œuvre tout mandat qui lui est confié par le Conseil.	Il se réunit une fois par an et en session extraordinaire à la demande des coprésidents, notamment pour préparer les sessions du conseil conjoint.	- Il est coprésidé par les mêmes parties qui assurent la coprésidence du Conseil des ministres OEACP-UE. - Adopte des décisions et formule des recommandations d'un commun accord des parties.

	représentants de la partie européenne au niveau des ambassadeurs ou des hauts fonctionnaires. Les observateurs peuvent prendre part aux réunions le cas échéant.			
Assemblée parlementaire paritaire OEACP/UE	Elle est composée de chacun des membres des trois assemblées parlementaires régionales.	C'est un organe consultatif avec plusieurs missions : - adopter des résolutions et faire des recommandations en vue de la réalisation des objectifs de l'accord ; - promouvoir les processus démocratiques, favoriser la coopération entre les parlements et faciliter une plus grande compréhension entre les peuples des États de l'OEACP et de l'Union européenne.	Elle se réunit une fois par an.	- Elle est coprésidée par un membre du parlement européen et un parlementaire des membres de l'OEACP désignés conformément à leurs procédures respectives.

Les instances régionales auront plus de questions à traiter et se réuniront plus souvent. Pourtant, la hiérarchie entre les institutions est énoncée dans son intégralité dans le texte : les conseils régionaux feront un rapport à la plénière et ne pourront pas modifier leur protocole sans son avis conforme.

Tableau 8 : Rôles et missions des institutions régionales

Institutions régionales	Composition	Missions	Fréquence des rencontres	Autres
Conseils des ministres régionaux	D'une part, ils sont composés d'un représentant de chaque État partie de la région concernée au niveau ministériel et d'autre part, de représentants de l'UE au niveau ministériel.	- Ils définissent les priorités et élaborent des plans d'action sur la base des objectifs du protocole régional concerné ; - ils adoptent des décisions et formulent des recommandations visant à matérialiser des aspects spécifiques de leurs protocoles régionaux respectifs ; - ils révisent et modifient le protocole régional concerné ; - ils instaurent un dialogue et des échanges de vues sur des questions d'intérêt commun.	- Ces conseils se réunissent à une périodicité à convenir entre les parties concernées, avec une composition adaptée aux thèmes à traiter et à l'initiative des coprésidents et prennent leurs décisions d'un commun accord entre les parties.	- Ils sont coprésidés par le président désigné par les États parties de chacune des régions respectivement, d'une part et le président désigné par l'UE, d'autre part selon leurs propres procédures ; - leurs décisions sont contraignantes pour toutes les parties au protocole régional sauf dispositions contraires ; - leurs délibérations ne sont valables que si les représentants de l'UE et au moins deux tiers des membres représentant les régions concernées sont présents ; - ils présentent au Conseil des ministres ACP-UE un rapport sur la mise en œuvre de son protocole régional.
Comité régional conjoint	Il est composé d'une part, d'un représentant de chaque État partie de la région concernée au niveau des ambassadeurs ou des hauts fonctionnaires et d'autre part, de représentants de l'UE au niveau des ambassadeurs ou des hauts fonctionnaires.	- Il prépare les sessions du Conseil des ministres correspondant ; - il prête assistance à celui-ci dans l'exécution de ses tâches ; - il exécute tout mandat qui lui est confié par le Conseil des ministres pertinent.	En principe, il se réunit aussi souvent que le Conseil des ministres correspondant dont il prépare les réunions.	- Il est coprésidé par les mêmes parties qui assurent la coprésidence du Conseil des ministres correspondant.

Assemblée parlementaire régionale	Elle est composée en nombre égal d'une part, des membres du parlement européen et d'autre part, des parlementaires de chaque État partie de la région concernée.	- Son rôle est consultatif ; - elle formule des recommandations sur l'ordre du jour du conseil des ministres de la région concernée ; - elle adopte des résolutions et examine toute question relative au protocole régional qui la concerne ; - elle promeut les processus démocratiques par le dialogue et la concertation ; - elle favorise une meilleure compréhension entre les peuples ; - elle assure la liaison avec l'Assemblée parlementaire paritaire OEACP-UE pour les questions relatives au présent accord afin d'assurer la coordination et la cohérence.	Elle se réunit en principe avant les réunions du Conseil des ministres de la région concernée.	- Elle est coprésidée d'une part, par un membre du parlement européen et d'autre part, par un parlementaire provenant de la région concernée, désigné comme président selon leurs propres procédures ; - elle reçoit en temps voulu l'ordre du jour du Conseil des ministres de la région concernée ; - elle doit également être informée des décisions et recommandations issues du Conseil des ministres en question.

Le dialogue parlementaire devrait avoir lieu en premier au sein des commissions parlementaires régionales. Cependant, c'est sur l'insistance des ACP et du parlement européen qu'une dimension parlementaire forte a été maintenue dans l'accord.[86]

[86] Dans un communiqué publié la veille de l'adoption politique du traité par les négociateurs en chef le 2 décembre 2020, le parlement européen met en garde les parties de prévoir une dimension parlementaire forte, faute de quoi il n'approuvera pas l'accord.

Chapitre 15 :

La dimension régionale de l'accord de Samoa et le focus sur le protocole régional africain

Les protocoles régionaux sont juridiquement contraignants pour la partie UE et pour les membres de l'OEACP d'Afrique, des Caraïbes et du Pacifique respectivement. Pour bien affirmer la prééminence du socle commun, l'accord dispose que rien dans les protocoles régionaux ni dans leur interprétation et leur mise en œuvre ne saurait porter atteinte aux dispositions de la partie générale de l'accord et des décisions du Conseil des ministres OEACP-UE, encore moins s'en écarter (article 6).

La question de la mise en œuvre des protocoles régionaux n'est pas définitivement réglée par l'accord. En effet, il reconnait le rôle important (*sans le définir, article 5*) des organisations sous-régionales, régionales et continentales dans la réalisation de ses objectifs, notamment ceux des trois protocoles régionaux. Une nuance entre les protocoles régionaux mérite cependant d'être relevée. Si le paragraphe 1 de l'article 6 du protocole régional pour l'Afrique reconnait le rôle des organisations régionales et continentales dans la mise en œuvre de ce protocole, cette reconnaissance n'est pas explicite dans les protocoles régionaux pour les Caraïbes et le Pacifique. Ces formulations imprécises laissent beaucoup de place à l'interprétation dans un contexte marqué, comme on le verra, par diverses diligences pour le contrôle de la mise en œuvre de l'accord.

Le dialogue sur le protocole régional africain a été lancé à Eswatini le 3 mai 2019 alors que les négociateurs ACP étaient soucieux de préserver l'unité du groupe. Ce climat a été la conséquence des tensions qui sont apparues en 2018, à la suite d'une tentative de la commission de l'UA de prendre la tête des négociations avec l'UE dans un cadre strictement africain. Cette initiative avait été combattue par les pays d'Afrique du Nord et une majorité d'États ACP, tous résolus à maintenir leurs négociations avec l'Europe dans le cadre intergouvernemental habituel plutôt que par l'intermédiaire de l'Union africaine. L'épisode a généré des frustrations de part et d'autre et s'est traduit par un manque de collaboration entre les représentations africaines à Bruxelles et à Addis-Abeba lors des négociations. Au terme du consensus de Nouakchott, l'UA devait mettre à la disposition des négociateurs ACP une équipe d'experts pour les appuyer lors des négociations du protocole africain. Ces experts ne se sont rendus disponibles que sur le tard, de sorte que leur implication réelle dans les négociations est quasi nulle. Ceci n'aura cependant pas une incidence majeure sur le contenu du texte adopté qui est en droite ligne avec les différents programmes et processus en cours au moment des négociations, notamment l'alliance Afrique-Europe pour un investissement et des emplois durables et la stratégie globale proposée avec l'Afrique.

Les six domaines prioritaires de coopération dans le protocole Afrique sont exactement les mêmes que ceux du socle commun, quoique classés différemment. Les aspects économiques domineront la coopération avec l'Afrique ; l'accent est mis sur la promotion des investissements et le rôle du secteur privé. Sur le plan commercial, la priorité ira à la mise en œuvre des APE censés contribuer à l'intégration régionale et soutenir la mise en place progressive de la Zone de libre-échange continentale africaine. En couvrant tous les secteurs économiques, de l'agriculture au tourisme et à l'industrie spatiale, le protocole Afrique reflète les ambitions du continent pour les vingt prochaines années pour une transformation structurelle créatrice d'emplois et de croissance. Afin d'associer l'Union africaine et les communautés économiques régionales au fonctionnement de l'accord, un statut d'observateur est prévu ; ceci pourrait également intéresser les pays d'Afrique du Nord ainsi que tout autre État non partie à l'accord de Samoa.

Le nouvel accord de partenariat sera donc le cadre juridique des relations entre l'Afrique subsaharienne et l'UE tandis que l'alliance Afrique-Europe pour un investissement et des emplois durables et la communication conjointe de la commission et du SEAE demeureront des stratégies politiques et économiques. L'alliance Afrique-Europe pour un investissement et des emplois durables vise à rapprocher les deux continents en promouvant une augmentation substantielle des investissements privés en provenance d'Europe comme d'Afrique, en contribuant à améliorer l'environnement des entreprises, en stimulant les échanges commerciaux et la création d'emplois tout en soutenant l'éducation et les compétences, dans l'intérêt des Européens et des

Africains. Elle devrait contribuer au programme économique du protocole Afrique.

Par ailleurs, l'accord et son protocole Afrique, s'ils sont contraignants pour l'ensemble de l'Afrique subsaharienne, n'incluent pas les pays d'Afrique du Nord qui ont conclu des accords bilatéraux séparés avec l'UE. L'on se rappelle qu'avant même le début des négociations, l'UE voulait concilier le cadre juridique ACP-UE avec l'approche « continent à continent ». La décision de « régionaliser » l'accord ACP-UE visait précisément à résoudre ce défi : un protocole Afrique, couvrant 49 des 55 États africains, capturerait naturellement les priorités de l'ensemble du continent et en particulier, l'agenda d'intégration continentale de l'Union africaine. Le dialogue UE-UA et ses stratégies conjointes guideraient alors la coopération ACP-UE en Afrique subsaharienne tout en impliquant dans le même temps, les pays d'Afrique du Nord qui ne sont pas parties prenantes à l'accord et ne pourraient donc pas y participer. C'est sans doute la raison pour laquelle le protocole régional prévoit que « les parties tiennent compte des orientations stratégiques et politiques des sommets UA-UE dans leur coopération et dans la mise en œuvre du présent protocole » (article 4-2).

Le texte du protocole a pris en compte l'agenda continental de l'Union africaine et contient de nombreuses références aux instruments et stratégies de l'UA. Le rôle et les compétences de l'Union africaine sont ainsi pleinement reconnus dans le domaine politique (paix et sécurité, droits de l'homme, gouvernance) ainsi que dans ses plans d'intégration économique (Communauté économique africaine, Zone de libre-échange continentale africaine, Programme de développement des infrastructures en Afrique, etc.). Les parties s'engagent à cet égard à assurer la cohérence et la complémentarité entre ce protocole et le partenariat continent à continent (article 3 du protocole régional africain). L'UA sera le cadre de référence sur toutes les questions à caractère continental ou transrégional alors que l'essentiel de la coopération continuera à se dérouler au niveau des pays et sous-régions. La programmation devra donc répartir les ressources disponibles entre ces différents niveaux. Là réside également une ambiguïté qui persiste dans la mesure où les négociations en vue de la conclusion de l'accord de Samoa visaient précisément à uniformiser et harmoniser toute la coopération de l'UE avec son partenaire africain. Force est de constater que le cadre de Samoa, tout comme celui de Cotonou, évoluera en parallèle avec le cadre UA-UE, à la différence que l'instrument de financement qui rendait robuste le cadre de Cotonou a disparu.

Au regard de la place qu'occupe désormais la dimension régionale dans la coopération, l'on peut se poser la question de savoir si les négociateurs ACP ont réussi à préserver l'unité de leur groupe ou à minimiser l'érosion de leurs prérogatives, comme stipulé au début des négociations. Lorsqu'on analyse la dévolution des pouvoirs entre les institutions régionales, l'on note que si le Conseil des ministres régional reste globalement garant du suivi de la mise en œuvre de l'accord, le principe de subsidiarité est en faveur des conseils des ministres régionaux qui peuvent se réunir sur une base plus régulière. Par ailleurs, bien que les priorités stratégiques soient énumérées de manière limitative dans le socle commun, les parties aux protocoles régionaux ont la latitude d'identifier d'un commun accord d'autres domaines d'intervention et de coopération. Il faut croire qu'il y a un risque réel d'émancipation des conseils des ministres régionaux de la « tutelle » ou tout au moins du contrôle du Conseil des ministres au niveau du socle commun.

L'analyse des modalités de révision des protocoles régionaux renforce cette hypothèse. En effet, l'accord prévoit des procédures de modification spécifiques selon qu'il s'agit du socle commun ou des protocoles régionaux. Selon la procédure dite normale, les parties peuvent soumettre au Conseil des ministres OEACP-UE des propositions de modification de l'accord au plus tard six mois avant sa tenue. Toutes les modifications sont approuvées par le Conseil des ministres OEACP-UE. Les spécificités régionales étant différentes d'une région à une autre, une telle différenciation est la bienvenue.

Par contre, les propositions de modification des protocoles régionaux sont soumises par les parties respectives au conseil des ministres régional concerné et au conseil des ministres OEACP-UE, au plus tard 120 jours avant la réunion de leurs conseils des ministres respectifs. Le conseil des ministres régional compétent peut alors adopter toute modification et en notifier immédiatement le conseil des ministres OEACP-UE. Celui-ci peut donner son consentement dans un délai de 120 jours à compter de la date de notification. Il peut également refuser de donner son consentement à une modification. Cependant, l'absence d'un refus de consentement dans un délai de 120 jours à compter de la date de notification est réputée constituer un consentement. Quand on sait que ces décisions sont adoptées d'un commun accord des parties, il suffit qu'une partie empêche le conseil OEACP-UE d'adopter un refus de consentement pour que les protocoles régionaux soient modifiés par les conseils des ministres régionaux. Cette possibilité offre les perspectives d'une réelle émancipation des protocoles régionaux et donc, d'une mutation des formes de mise en œuvre de la relation dont l'ampleur ne peut encore être déterminée.

Chapitre 16 :

La migration et la mobilité : des questions essentielles

Les dispositions sur la migration et la mobilité sont traitées au titre 6 du socle commun (articles 62 à 76) et du protocole régional africain (articles 73 à 79). Elles sont évoquées à l'article 41 du protocole régional des Caraïbes et n'apparaissent presque pas dans ce document. C'est dire que c'est une question qui vise principalement l'Afrique.

1- Les considérations générales sur la migration et la mobilité

La question est beaucoup plus élaborée que dans l'accord de Cotonou dans lequel elle ne figurait que dans un seul article. Le nouvel accord aborde toutes les facettes et tous les aspects de la migration et de la mobilité. L'accord énonce les engagements pris par les partenaires, reconnaissant que la migration et la mobilité peuvent avoir des effets positifs lorsqu'elles sont bien gérées et qu'il est indispensable de s'attaquer aux conséquences négatives et aux causes profondes de la migration irrégulière. Dans cette optique, il faudra coopérer avec les partenaires dans divers domaines allant de la paix, de la sécurité et des droits de l'homme, à l'élimination de la pauvreté et à l'éducation pour offrir des possibilités et aider les partenaires à renforcer leurs capacités en vue d'une gestion efficace de la migration.

Sur insistance des négociateurs ACP, l'article 63 sur la migration et la mobilité a été renforcé. Même s'il comporte huit paragraphes, l'on constate cependant qu'il n'a pas d'engagements contraignants comme l'attestent les expressions employées dans la formulation des obligations. Celles-ci sont souples et contrastent avec le ton plus engageant qui est utilisé à l'article 74 sur les retours et les réadmissions.

Une grande attention est accordée à la contribution des migrations au développement des pays d'origine, notamment l'impact des envois de fonds sur les économies locales (articles 66 et 65) qui dépassent largement chaque année le volume total de l'aide extérieure ou des investissements étrangers destinés aux pays en développement.

2- L'accent mis sur le retour et les réadmissions qui sont des questions essentielles

L'amélioration de la coopération en matière de retour et de réadmission des migrants en situation irrégulière est un élément essentiel du nouvel accord et de l'approche globale de la gestion de la migration.[87] Le retour et la réadmission constituent d'ailleurs une « obligation juridique » pour les parties (article 74-1).

Ainsi, l'accord prévoit une annexe contenant des dispositions opérationnelles en la matière. La négociation de cette annexe a été pendant longtemps un point de divergence majeure, une ligne rouge pour les États ACP. Initialement, la proposition européenne affirmait le droit de renvoyer les nationaux des pays tiers en séjour irrégulier et l'obligation juridique pour chaque État partie de réadmettre son propre ressortissant « sans condition », sur la base de documents délivrés par une partie européenne. La position initiale des États ACP sur ce point était de maintenir le statu quo ante, au motif que les procédures de retour et réadmission étaient bien gérées par les accords bilatéraux conclus avec des États européens. Au final, si l'UE est parvenue à faire adopter l'annexe proposée, le retour et la réadmission sont conditionnés à la vérification de la nationalité.

L'annexe sur les processus de retour et de réadmission comporte quatre dispositions : la réadmission des personnes sans document de voyage, les moyens de transport aux fins de retour, le retour des mineurs non accompagnés et les accords et arrangements bilatéraux. Si la personne à réadmettre est en possession d'un passeport expiré, d'une pièce d'identité valide ou expirée ou d'un document d'identité officiel muni d'une photo, ou si l'identité de la personne a été confirmée, la partie requise délivre à son ressortissant les documents de voyage appropriés aux fins de retour, immédiatement après la demande. L'annexe accorde un délai de trente jours à la partie requise pour

---

[87] Pour comprendre l'accent mis sur la question, il faut noter que selon l'UE, environ 478 155 personnes séjournant illégalement dans l'UE ont reçu l'ordre de partir en 2018 et 170 380 ont été effectivement renvoyées dans un pays tiers. Cependant, les taux de retour vers les pays africains restent faibles : les taux de retour pour le Mali et la Guinée par exemple sont respectivement de 1,7% et 2,8%. Pour tenter d'y remédier, les États membres de l'UE ont renouvelé leurs efforts pour négocier et conclure des accords de réadmission dans le but d'augmenter le nombre de retours.

délivrer un document de voyage à l'un de ses ressortissants lorsque sa nationalité doit être vérifiée.

En outre, une innovation majeure porte sur la reconnaissance de la migration comme une mesure essentielle ; le non-respect des dispositions y relatives pourrait déclencher le mécanisme de consultation et donc donner lieu à l'adoption par l'une ou l'autre partie des sanctions. Les différends relevant du retour et de la réadmission disposent d'ailleurs d'un mécanisme de gestion spécifique. En effet, en vertu de l'article 74-6, si une partie considère qu'une autre partie ne respecte pas les délais prévus dans l'annexe 1, elle en informe l'autre partie et peut, au cas où cette dernière continue de ne pas respecter ses obligations, à compter de 30 jours suivant la notification, prendre des mesures proportionnées.

La procédure de consultation prévue dans ce paragraphe est plus diligente, comparée à celle prévue à l'article 101 qui encadre le mécanisme de gestion des différends. Cet article (paragraphes 3 à 9) encadre les consultations prévues dans le cadre du dialogue de partenariat lorsque l'une des parties considère que l'autre n'a pas satisfait à l'une ou l'autre de ses obligations découlant de l'accord. La procédure dans ce cas prévoit, entre autres, un délai de notification initial de 90 jours, puis de 120 jours, avant que la partie notifiante ne prenne des mesures proportionnelles à l'obligation qui n'a pas été respectée. L'on peut donc dire qu'au regard de l'accord, les mesures relatives au retour et à la réadmission occupent une place spéciale dans le texte et au sein même du titre relatif à la migration et la mobilité. Ces mesures spécifiques sont des obligations supérieures aux autres obligations prévues par l'accord puisqu'elles ont des mécanismes de mise en œuvre plus stricts. En plus, le suivi de la mise en œuvre des engagements pris en matière de retour et réadmission – et non en matière de migration et mobilité – se fera dans le cadre du dialogue régulier sur le partenariat.

Dans le même ordre d'idées, l'annexe prévoit un lien avec les accords bilatéraux qui sont – ou pourront être – signés entre les parties qui régissent des obligations spécifiques en matière de réadmission et de retour de leurs ressortissants. Ces accords bilatéraux ne peuvent que fournir en la matière des conditions plus favorables que celles prévues dans l'accord de Samoa. En effet, ils doivent prévoir des délais plus courts pour l'identification et la délivrance des documents de voyage afin de faciliter davantage la mise en œuvre de l'annexe. En outre, si les parties le jugent nécessaire, l'accord bilatéral peut couvrir les modalités de réadmission des ressortissants des pays tiers et des apatrides qui ont leur résidence habituelle dans l'État requis. La signature des accords bilatéraux de retour et de réadmission avec des États membres de l'OEACP n'est désormais possible que s'ils sont susceptibles d'apporter des conditions plus favorables que celles déjà prévues dans l'accord.

Aussi, la partie ACP qui privilégiait une approche bilatérale de gestion des retours et réadmissions[88] est néanmoins parvenue à infléchir certaines positions et à faire prendre en considération ses positions sur la migration légale, la migration et le développement et l'envoi de fonds. Mais les dispositions sur la lutte contre la migration irrégulière (articles 70 à 73) mettent l'accent sur l'aspect sécuritaire, comme c'est déjà le cas dans le cadre du Fonds fiduciaire d'urgence pour la lutte contre les causes profondes des migrations.

3- Un alignement de l'accord de Samoa sur le nouveau code visa européen et la proposition d'un nouveau pacte migratoire

Au demeurant, l'accent mis sur le retour et la réadmission est le reflet d'une tendance lourde observée dans les différents instruments juridiques adoptés par l'UE en matière de migration, notamment le nouveau code visa entré en vigueur le 2 février 2020. Ce texte introduit plusieurs changements, à l'instar de l'augmentation des frais de visa, des procédures de visa à entrées multiples harmonisées et des procédures de demande de visa simplifiées dans le but de faciliter l'entrée des demandeurs légaux. Il met également fin à la pratique de se rendre dans les pays voisins pour déposer des demandes de visa en permettant aux représentations de l'UE d'externaliser le traitement des visas vers d'autres États membres de l'UE.

Le changement le plus notable est l'introduction de processus restrictifs pour les pays qui ne coopèrent pas en matière de réadmission. Ceux-ci pourraient voir des règles restrictives de délivrance des visas

---

[88] La coopération en matière de réadmission et de retour entre les pays européens et africains est généralement bilatérale, l'UE jouant un rôle de coordination en soutenant ses États membres vers plus de succès en matière de retour et de réadmission. La plupart des Gouvernements africains estiment que la coopération bilatérale en matière de réadmission leur est plus avantageuse qu'un accord à l'échelle de l'UE. Pour eux, gérer les retours de certains pays de l'UE par le biais d'accords bilatéraux est plus facile que la possibilité d'être dépassés par les retours potentiels de tous les pays, ce qui serait le cas avec un accord de réadmission à l'échelle de l'UE.

pour des étudiants, des hommes d'affaires et des représentants du Gouvernement ou des universitaires participant à des conférences. L'évaluation sera faite en fonction du nombre de décisions de retour rendues, des retours effectifs effectués, du nombre de demandes de réadmission acceptées et de la coopération générale des pays tiers pour la délivrance des documents d'identité et de voyage.

De plus, les changements introduits par le nouveau code des visas et les dispositions de l'accord de Samoa seront utilisés par l'UE pour faire pression sur les pays africains afin qu'ils coopèrent pour accroitre les retours, la réadmission et la réintégration. Après avoir réussi à contenir les migrants et demandeurs d'asile potentiels en dehors de l'espace européen, grâce principalement à des solutions externes trouvées avec des États du voisinage, l'UE espère ainsi régler le problème que lui posent les nombreux migrants non régularisés.

Compte tenu des changements introduits, certains pays africains peuvent mettre en œuvre des mesures réciproques ou des procédures de demande de visa plus restrictives pour les ressortissants de l'UE. Cependant, peu de pays adopteront cette position, car elle peut avoir des implications économiques directes pour les pays qui cherchent à attirer les investissements des entreprises européennes ainsi que des touristes. Mais il reste que les intérêts nationaux en matière de retour et de réintégration peuvent l'emporter sur l'intérêt d'un gouvernement à coopérer avec l'UE.

Par ailleurs, les trois piliers du pacte migratoire proposé par la Commission européenne en septembre 2020 (procédures plus efficaces et plus rapides, partage équitable des responsabilités et solidarité et révision de la règle consistant à confier au premier pays d'entrée d'un migrant dans l'UE la responsabilité de traiter sa demande d'asile) seront soutenus par une bonne coopération avec les pays tiers pour relever des défis communs tels que le trafic de migrants, le développement des voies légales d'accès et la mise en œuvre effective des accords de réadmission.

En matière de retour et réadmission, la proposition prévoit un cadre juridique plus efficace, un rôle renforcé attribué au corps européen de garde-frontières et de garde-côtes et un nouveau coordinateur de l'UE chargé des retours, ainsi qu'un réseau de représentants nationaux qui garantiront la cohérence dans l'ensemble de l'Union.

In fine, le succès du paquet restera tributaire des partenariats renforcés avec les pays d'origine et de transit, ce qui reste un angle mort de la politique migratoire européenne.

4- La conditionnalité de l'aide au développement

Comme un pavé dans la mare, le parlement européen a adopté le 25 novembre 2020, une résolution non législative sur l'efficacité et l'efficience de l'aide publique européenne au développement, laquelle préconise que l'aide au développement de l'Union européenne doive être liée à la coopération en matière de migration. Même si dans la pratique, certains États membres suivaient déjà cette tendance, cette résolution pourrait inaugurer un changement important dans la mesure où le parlement européen était jusque-là réticent à instituer des conditionnalités de l'aide liée à l'immigration. Elle rompt avec le consensus international sur la question en soulignant que l'aide humanitaire et d'urgence en particulier, ne doit pas être soumise à une conditionnalité, ce qui implique que la coopération en matière de sécurité et d'immigration peut l'être.

La résolution a été adoptée au moment même où le parlement négociait avec la commission et les États membres sur le fonctionnement de l'instrument de voisinage, de développement et de coopération internationale. L'une des questions les plus épineuses dans ce trilogue était celle de savoir si l'argent du développement doit être utilisé pour obtenir des concessions des pays bénéficiaires sur d'autres questions.

Les États membres de l'UE demandent depuis des années que l'aide au développement et d'autres outils soient utilisés comme levier pour convaincre les pays à faible revenu de contrôler plus fermement les migrations et de coopérer pour réadmettre les migrants qui se sont vu refuser l'asile dans l'UE. En conséquence, dans les trilogues, le conseil appelait à l'utilisation de tous les outils appropriés et de l'effet de levier nécessaire à travers une approche incitative flexible avec, le cas échéant, d'éventuels changements dans l'allocation des fonds. En revanche, le parlement appelait à une approche qui ne conditionne pas l'attribution de l'aide au développement aux pays tiers à la coopération en matière de gestion des migrations et qui respecte pleinement les droits de l'homme, y compris le droit de chaque individu de quitter son pays d'origine.

Si cette résolution n'a pas modifié la position du parlement dans le trilogue sur le NDICI sachant que le mandat du parlement sur le budget européen avait été adopté en 2019, elle traduit tout de même la nouvelle position dominante au sein du parlement qui aura des répercussions à long terme. Elle pourrait s'appliquer uniquement aux 10% de NDICI susceptibles d'être affectés à la lutte contre les causes profondes de la migration irrégulière. En tout état de cause, elle serait au centre du nouveau partenariat voulu avec l'Afrique.

Au final, la migration et la mobilité ont été des questions importantes et sensibles pour les deux parties, en particulier pour les pays africains de l'OEACP. L'insistance précoce de l'UE sur l'utilisation des conditions dans ces négociations, liant la coopération au développement et le financement à l'utilisation des meilleurs moyens et aux efforts sur des questions litigieuses telles que la migration, y compris les menaces de réduction des visas pour les fonctionnaires, n'a pas été bien accueillie. L'utilisation des documents de transit de l'UE pour permettre le retour a rencontré une forte résistance. L'accord obtenu marque un changement profond par rapport à la pratique précédente.

Chapitre 17 :

Le dialogue politique, les mesures appropriées et le régime des sanctions

Les éléments essentiels du traité restent pratiquement les mêmes que dans l'accord de Cotonou. Le respect des droits de l'homme, des principes démocratiques et de l'État de droit (article 9.7) et la non-prolifération des armes de destruction massive (article 18-1) en constituent les éléments essentiels tandis que la bonne gouvernance, y compris la lutte contre la corruption, est définie comme un élément fondamental (article 12.7). Un dialogue politique régulier sera établi pour chacune de ces priorités stratégiques.

Le non-respect de l'un de ces éléments peut déclencher des consultations formelles qui peuvent déboucher sur des « mesures appropriées », c'est-à-dire des sanctions de quelque nature que ce soit (article 101.5). Le retour et la réadmission, s'ils ne constituent pas formellement des éléments essentiels sont considérés comme tels, car non seulement leur suivi est assuré dans le cadre du dialogue de partenariat (article 74-7), mais aussi le non-respect des obligations qui découlent de cette disposition peut donner lieu à des consultations et des mesures appropriées suivant une procédure et un mécanisme spécifiques, notamment en ce qui concerne les délais et la mise en œuvre (article 74-6).

Les règles régissant la procédure à utiliser lorsque l'une des parties ne respecte pas les principes fondamentaux précités et celles relatives à l'interprétation de l'accord sont fixées à l'article 101, lequel traite des différends relatifs à l'interprétation de l'accord (article 101-2) et du respect des obligations (article 101 – 3 à 9).

L'accord a prévu deux moyens de régler les différends relatifs à son interprétation :

- Ils peuvent être réglés par le biais de consultations au sein du conseil des ministres OEACP-UE ou avec l'accord des parties ;

- Ils peuvent être réglés par un sous-comité spécial ou tout autre mécanisme approprié relevant du conseil des ministres OEACP-UE.

Au cours des négociations, la partie européenne avait préconisé un règlement à l'amiable des divergences liées à l'interprétation de l'accord et s'était toujours opposée au recours à tout mécanisme extérieur au cadre institutionnel prévu par l'accord. Il est à noter que le recours au comité spécial, qui demeure sous l'autorité du Conseil des ministres, apparait comme un mécanisme par défaut d'autant que cette option doit être acceptée par toutes les parties. Autrement dit, si l'une des parties s'opposait à un tel recours, le différend lié à l'interprétation de l'accord resterait de la seule compétence du conseil des ministres conjoints OEACP/UE.

Les parties conviennent d'aplanir leurs divergences concernant le respect des obligations dans le cadre du dialogue de partenariat régulier afin de prévenir des situations dans lesquelles une partie pourrait juger nécessaire de recourir aux consultations instituées par les paragraphes 3 à 9 de l'article 101. Dans le cadre de ces consultations, l'UE est considérée comme une partie et chacun des pays ACP en est une autre (article 101-3).

En outre, l'accord a prévu deux procédures distinctes pour ces consultations sur le respect des obligations. Le recours aux consultations prévues aux paragraphes 5 et 6 de l'article 101 régit les éléments essentiels définis aux articles 9 et 18 tandis que la procédure découlant du non-respect des obligations prévues à l'article 74 sur les retours et réadmissions est définie dans le même article.

Dans l'accord de Cotonou en l'occurrence, l'article 96 définissait la procédure à suivre pour le respect des obligations. Cet article a été appliqué à 15 reprises environ depuis 2000, en réaction à des renversements violents de gouvernements, à une escalade de la violence ou à des violations des droits de l'homme89.

Si l'une des parties à l'accord considérait qu'une autre partie a manqué à une obligation découlant du respect des droits de l'homme, des principes démocratiques ou de l'État de droit, elle devait dans un

[89] Les pays suivants ont notamment été concernés: les Îles Fidji (2000 et 2007), le Zimbabwe (2002), la République centrafricaine (2003), la Guinée-Bissau (2004 et 2011), le Togo (2004), Madagascar (2010).

premier temps s'efforcer de faire entendre ses préoccupations par l'intermédiaire d'un **dialogue politique approfondi** (article 9 de l'accord de Cotonou). Si toutes les voies de dialogue étaient épuisées et si des inquiétudes persistaient, les parties pouvaient lancer une procédure de consultation. Dans quelques cas exceptionnels, une procédure de consultation pouvait être engagée sans dialogue politique préalable (les cas d'urgence particulière qui nécessitent une réaction immédiate ; le non-respect persistant des engagements pris durant un dialogue antérieur ; l'absence de volonté de mener un dialogue de bonne foi).

Si toutes les voies de dialogue avaient été épuisées et si une partie continuait de ne pas respecter ses obligations, l'autre partie pouvait lancer une procédure de consultation en vue de trouver une solution. Dans la pratique, les consultations lancées dans le cadre de l'article 96 se déroulaient au **niveau gouvernemental**.

La **durée des consultations** dépendait de la nature et de la gravité du manquement et de l'évolution des discussions. Elle était fixée d'un commun accord par les parties et ne pouvait dépasser 120 jours. Si aucun accord n'était intervenu à la fin des consultations, la partie qui avait lancé la procédure de consultation pouvait prendre des **mesures appropriées**, proportionnelles à la violation en question, dirigées contre les personnes qui ont porté atteinte aux éléments essentiels du partenariat, tout en ayant un effet négatif aussi limité que possible sur la population. Il pouvait aussi s'agir de mesures conservatoires applicables à des projets et programmes de coopération en cours ou de la suspension de projets, de programmes et d'autres formes d'aide. En dernier ressort, l'UE pouvait surseoir à la mise en œuvre intégrale du volet "aide au développement" prévu par l'accord.

Chapitre 18 :

Le financement du partenariat

1- L'externalisation du financement du partenariat

Contrairement à l'accord de Cotonou, l'accord de Samoa ne dispose pas d'un protocole financier du fait de la disparition du FED. Trois modalités principales de financement du partenariat sont prévues.

Le cofinancement : L'UE et les membres de l'OEACP les plus avancés s'engagent à mettre au point de nouvelles formes de coopération, notamment les instruments financiers innovants et le cofinancement.

Les ressources publiques nationales : Les membres de l'OEACP réaffirment leur engagement à améliorer la mobilisation des ressources nationales. Ils promeuvent des environnements favorables à l'accroissement des flux privés nationaux et stimulent le commerce en tant que moteur du développement.

Les ressources privées nationales et internationales : Les parties reconnaissent que les apports de capitaux privés constituent des compléments essentiels aux efforts nationaux en matière de développement. Elles coopèrent pour mobiliser l'investissement durable et responsable et encouragent le secteur privé à participer en tant que partenaire au processus de développement et à investir dans les domaines essentiels pour le développement durable.

À tous égards, le nouveau système de coopération financière, qui s'aligne sur celui appliqué aux pays en développement non ACP, sera beaucoup moins « partenarial » qu'auparavant. Sans être précis sur les ressources que l'UE mobilisera, l'accord appelle fortement à une diversification des ressources en soutien au partenariat : la mobilisation des recettes fiscales intérieures par les États ACP, les flux d'investissements privés, les envois de fonds des migrants, le *blending* et les garanties bancaires devraient compléter les subventions classiques (articles 83 et 84). S'appuyant sur le plan d'investissement extérieur européen et les différents fonds fiduciaires établis depuis

2015, les programmes de cofinancement et de mixité avec les banques et les institutions de financement du développement devraient gagner en importance et pourraient progressivement remplacer les subventions.

Les dispositions de l'accord sur les moyens de coopération et de mise en œuvre sont assez sommaires et ne comptent que cinq articles. L'UE s'engage simplement à « mettre à disposition le niveau approprié de ressources financières conformément à ses règlements et procédures internes » (article 82). Cette partie est cependant complétée par une déclaration dans laquelle l'UE prend deux engagements principaux. Dans un premier temps, elle s'engage, « dans la mesure où ses règlements et procédures internes le permettent », à communiquer une allocation indicative pour chacune des régions ACP et à communiquer ultérieurement le montant des enveloppes nationales et régionales aux fins de programmation. Ensuite, l'UE renouvelle son engagement à contribuer aux coûts liés à l'organisation des réunions des institutions conjointes et aux dépenses de fonctionnement du secrétariat de l'OEACP en ce qui concerne la mise en œuvre de l'accord, y compris ses protocoles.

À titre de comparaison, 25 articles de l'accord de Cotonou traitaient de la coopération pour le financement du développement, en plus d'un protocole financier qui faisait partie intégrante de l'accord et des cadres financiers pluriannuels pour chaque cycle de planification. En rappelant les principes de prévisibilité, de dialogue et d'appropriation (article 82), l'accord tente cependant de rassurer les parties ACP.

Par rapport aux accords précédents, le changement le plus frappant est la suppression du Fonds européen de Développement qui était la principale source de financement de la coopération ACP-UE. Les moyens de coopération ne sont donc plus intégrés dans le budget général de l'UE. En fait, ils n'ont pas fait l'objet de la négociation. La coopération financière perd ainsi son caractère contractuel.

À cet égard, le nouvel accord consacre un changement de paradigme qui avait été entrevu dans les directives de négociations européennes. La coopération financière ACP-UE, qui reposait autrefois sur un système de « gestion conjointe » entre la Commission européenne et le pays bénéficiaire avec des pouvoirs étendus dévolus aux ordonnateurs nationaux et régionaux, sera désormais régie par les règles internes de l'UE, à savoir le budget général et l'instrument de voisinage, de développement et de coopération internationale. La prévisibilité du soutien financier est toutefois maintenue, mais perd de sa soutenabilité. Les règles de programmation et de gestion de l'aide ne seront plus établies conjointement et peuvent être modifiées unilatéralement par l'UE. Les responsabilités de gestion autrefois partagées sont désormais concentrées. Le changement de paradigme est total ; l'ère de Cotonou semble désormais révolue.

2- Rappels sur le FED

Le FED ne faisait pas partie du budget de l'Union et constituait donc une exception au principe d'unité budgétaire. Les origines de ce traitement différencié remontent au premier FED, lorsque les dépenses communes étaient financées par les contributions nationales. Ainsi, les annexes de l'accord de Cotonou définissaient le montant maximal des ressources disponibles pour l'aide financière au développement dans le cadre du partenariat pour un certain nombre d'années. Le cadre financier pluriannuel du partenariat ACP-UE indiquait non seulement les ressources du FED directement fournies par les pays de l'Union et leur répartition entre les grandes catégories de dépenses, mais également les fonds supplémentaires que la Banque européenne d'Investissement pouvait mettre à la disposition de la facilité d'investissement du FED.

La budgétisation du FED représente depuis longtemps une cause de frictions entre le parlement européen et le conseil. La Commission européenne a avancé l'idée pour la première fois dès 1973, à la suite de la mise en place du système de ressources propres remplaçant les contributions nationales au budget général, tandis que le premier élargissement des communautés européennes (notamment avec l'adhésion du Royaume-Uni) a ouvert la voie à une augmentation du nombre de bénéficiaires d'aides au titre du FED.

Parmi les principaux avantages avancés par les partisans de la budgétisation du FED, figuraient :

- Une légitimité démocratique renforcée. Le FED représentait la seule dépense de l'Union en matière d'aide au développement qui ne soit pas soumise à l'autorisation du parlement européen. Son intégration dans le budget de l'Union devait renforcer le contrôle démocratique de son exécution.
- Un renforcement de l'efficacité de l'aide au développement de l'Union grâce à une simplification du cadre concerné. En effet, les

dépenses liées à ce fonds comportaient un risque inhérent élevé en raison de la complexité de ses règles et de ses procédures.

- L'accroissement de la visibilité et de la transparence. L'élimination de cette exception au principe d'unité budgétaire permettrait l'inclusion de toutes les dépenses de l'Union pour l'aide au développement dans un budget unique.
- L'accroissement de la prévisibilité. L'intégration du FED dans le budget de l'Union serait le meilleur moyen de garantir la continuité de l'aide jusque-là tributaire des contributions volontaires des pays de l'Union.

Les parties opposées à la budgétisation du FED ont craint qu'elle affaiblisse leurs relations privilégiées avec l'Union et diminue l'engagement financier de celle-ci. Par ailleurs, les pays de l'Union européenne pouvaient hésiter à renoncer au rôle qu'ils jouaient dans le fonctionnement du FED, lequel était plus important que celui qu'ils joueront dans le fonctionnement des instruments relevant du budget de l'Union et pour lesquels le conseil est colégislateur sur un pied d'égalité avec le parlement européen. La position des États membres était aussi influencée par la possibilité d'une augmentation ou d'une diminution de leur contribution financière à la suite de la budgétisation.

En 2018, la commission a effectué une analyse d'impact[90] en privilégiant les grands changements proposés en matière d'action extérieure, notamment la réorganisation de plusieurs instruments en un seul instrument global et l'intégration dans le budget de l'Union des activités jusque-là financées par le Fonds européen de Développement. L'analyse a conclu que les avantages qu'il y aurait à ne pas poursuivre le financement des activités liées au développement par le FED en dehors du budget de l'Union l'emporteraient sur les inconvénients, pour autant que certaines conditions puissent être remplies, notamment :

- que le montant alloué à l'action extérieure ne soit pas inférieur à la somme du FED et des autres instruments de financement extérieur combinés ;
- que les caractéristiques qui font la flexibilité du FED soient transférées au budget de l'Union dans la mesure du possible ;

[90] SDW(2018) 337.

- que les opérations militaires financées dans le cadre de la facilité de soutien à la paix pour l'Afrique continuent d'être financées par un autre mécanisme ne relevant pas du budget qui fait l'objet d'un règlement distinct.

3- L'instrument de voisinage, de coopération au développement et de coopération internationale

L'instrument de voisinage, de coopération au développement et de coopération internationale, adopté par le parlement européen en juin 2021, remplace un certain nombre d'instruments financiers de l'action extérieure de l'UE, qui pour la plupart, ont expiré le 31 décembre 2020, y compris le 11e FED. Il est désormais l'unique instrument de l'action extérieure proposé par l'Union européenne dans le contexte de son cadre financier pluriannuel (CFP) 2021-2027, doté d'un budget de 79,462 milliards d'euros. Sa vaste portée permettra de supprimer les obstacles artificiels existant entre les instruments précédents, d'alléger les contraintes administratives et de rationaliser la structure de gestion. Il est donc le principal cadre de mise en œuvre de l'accord post-Cotonou.

L'enveloppe financière de cet instrument, qui prévoit trois principales approches (les programmes géographiques, les programmes thématiques et les opérations de réaction rapide), est ventilée comme suit :

- Un montant de 60,388 milliards d'euros alloué aux programmes géographiques, dont :
    - au moins 19,323 milliards d'euros pour le voisinage européen ;
    - au moins 29, 181 milliards d'euros pour l'Afrique subsaharienne ;
    - 8,489 milliards d'euros pour l'Asie et le Pacifique (avec au moins 500 millions d'euros pour les États ACP du Pacifique) ;
    - 3,395 milliards d'euros pour les Amériques et la région caraïbe (avec au moins 800 millions d'euros pour les États membres ACP des Caraïbes).
- Un montant de 6,358 milliards d'euros affecté aux programmes thématiques :

- 1,362 milliard d'euros pour les droits de l'homme et la démocratie ;
- 1,362 milliard pour les organisations de la société civile ;
- 908 millions d'euros pour la paix, la stabilité et la prévention des conflits ;
- 2, 726 milliards d'euros pour les défis mondiaux.

- Un montant de 3,182 milliards d'euros affecté aux opérations de réaction rapide.
- Un montant de 9,534 milliards d'euros pour réserve (besoins imprévus).

Programmes géographiques (géographisation) (60,388 milliards d'euros)

Les programmes géographiques constituent la principale approche pour financer des actions afin de maximiser l'impact de l'aide de l'Union européenne et de rapprocher l'action de l'Union des pays partenaires et des populations. La majeure partie des ressources de cet instrument fera l'objet d'une programmation au niveau des pays ou des régions sur la base du principe de la subsidiarité. Les programmes géographiques couvrent la coopération avec un ou plusieurs pays dans les régions suivantes :

- le voisinage européen ;
- l'Afrique subsaharienne ;
- l'Asie et le Pacifique ;
- les Amériques et les Caraïbes.

De manière spécifique, l'IVCDCI prévoit la mise en place éventuelle de programmes géographiques de portée continentale ou transrégionale, en particulier un programme panafricain ou un programme couvrant les États membres de l'OEACP. Les domaines de coopération au titre des programmes géographiques figurent à l'annexe II et sont les suivants :

- bonne gouvernance, démocratie, État de droit et droits de l'homme (POPULATION) ;
- éradication de la pauvreté, lutte contre les inégalités et développement humain ;
- migration, mobilité et déplacements forcés ;

- environnement et changement climatique (PLANÈTE) ;
- croissance économique inclusive et durable et travail décent (PROSPÉRITÉ) ;
- paix, sécurité et stabilité (PAIX) ;
- partenariat (PARTENARIAT). Programmes thématiques (6,358 milliards d'euros).

Les programmes thématiques quant à eux englobent les actions liées à la réalisation des objectifs de développement durable au niveau mondial dans les domaines suivants :

- droits de l'homme et démocratie ;
- organisations de la société civile et collectivités locales ;
- stabilité et paix ;
- défis mondiaux.

Par ailleurs, **la composante « opérations de réaction rapide »** (3,182 milliards d'euros) vise à assurer une capacité d'intervention rapide en matière de gestion des crises, de prévention des conflits et de consolidation de la paix, à renforcer la résilience et à créer une synergie entre l'aide humanitaire et les actions en faveur du développement et à prendre en considération les besoins et les priorités liés aux actions de politique étrangère. Cette composante a également une couverture mondiale. Elle ne nécessite pas une programmation des ressources. Le règlement NDICI a pris en compte certaines modalités de gestion qui figuraient dans le FED, notamment en ce qui concerne le dialogue de programmation et le report des crédits inutilisés.

Au regard des nombreux changements qu'il induit, cet instrument a suscité de la part de l'organisation et des États OEACP de nombreuses interrogations et une certaine frustration. Dans l'ensemble, l'OEACP s'est inquiétée du manque de clarté quant à la manière dont les dispositions du règlement sur l'IVCDCI et de l'accord post-Cotonou, y compris la déclaration de l'UE relative aux « moyens de coopération et de mise en œuvre » pourraient s'appliquer pour opérationnaliser les engagements souscrits par les deux parties au titre de l'accord, en particulier en ce qui concerne les aspects financiers.

Les inquiétudes portaient sur plusieurs points à savoir :

- La définition des « programmes plurinationaux ». Il était important pour l'OEACP de connaitre les modalités d'identification des programmes géographiques de portée continentale ou transrégionale couvrant les États membres de l'OEACP qui seront mis en place.
- Les procédures applicables à la programmation des ressources au niveau de l'OEACP, notamment les rôles et les responsabilités des parties.
- Le calendrier et les lignes directrices de la programmation des ressources dans les pays membres de l'OEACP.
- Le financement des institutions conjointes et du secrétariat de l'OEACP dans la mise en œuvre de cet accord. Étant donné que le règlement ne fait pas mention d'une allocation indicative de ressources dans le cadre de la stratégie pluriannuelle, il était difficile de savoir comment se fera la programmation des ressources financières destinées à financer le fonctionnement des institutions conjointes de l'accord. Il en va de même de la programmation des ressources devant servir à financer le secrétariat de l'OEACP afin de lui permettre de fournir aux États membres l'assistance nécessaire pour mettre en œuvre l'accord post-Cotonou et mener à bien les programmes intra-ACP en cours d'exécution.
- La prévisibilité des ressources. L'OEACP craignait que l'absence de ressources dédiées à la mise en œuvre de la stratégie compromette la prévisibilité de la disponibilité des ressources, qui constitue pourtant l'un des principes de « l'efficacité de l'aide ».
- L'accès aux ressources dans le cadre des opérations de réaction rapide. Il reste à définir la manière dont les ressources prévues au titre des opérations de réaction rapide seront mobilisées et accessibles au niveau de l'OEACP.

En définitive, l'accord post-Cotonou a « normalisé » la coopération financière entre l'UE et les ACP en mettant fin au FED qui a été pendant longtemps considéré et salué comme une spécificité de la relation entre l'UE et ses partenaires ACP. Si l'UE se félicite de ce que le nouvel instrument financier va fluidifier le partenariat, éliminer les coûts de transaction et donc instaurer plus de flexibilité, d'efficience et d'efficacité, la partie OEACP se montre plutôt déçue, car estimant avoir perdu un élément attractif de la relation.[91]

En tout état de cause, la question qui se pose est celle de la capacité de l'UE à réellement impacter les pays partenaires tant le financement, somme toute, reste relativement modeste. À titre d'exemple, le montant total de l'IVCDCI ne suffirait pas à financer le seul Programme de Développement des Infrastructures en Afrique (PIDA) dont l'objectif est de promouvoir le développement socioéconomique et la réduction de la pauvreté en Afrique grâce à la mise en œuvre des réseaux intégrés d'infrastructures régionales. Consciente de la modestie de son financement, l'Union cible des secteurs et programmes structurants sur lesquels les fonds seront concentrés, quitte à rationaliser ses financements et donc, à réduire la portée de son action extérieure[92].

La décision de l'UE de ne plus négocier le financement de son action extérieure avec les pays partenaires traduirait alors un retour au réalisme. La pratique antérieure relevait d'une certaine « hypocrisie » et était source d'ambiguïté, car elle donnait l'impression que l'action

---

[91] Il convient de souligner que les instruments de financement hors budget subsistent, à l'instar de la Facilité européenne pour la paix qui remplace l'ancienne Facilité africaine pour la paix, avec une portée et des objectifs plus grands. La facilité fonctionnera parallèlement au cadre financier pluriannuel pour la période 2021-2027. Ensemble avec l'Instrument de voisinage, de développement et de coopération internationale, qui fait partie du CFP 2021-2027, il financera l'essentiel de l'action extérieure de l'UE dans le domaine de la paix et de la coopération en matière de sécurité, ainsi que le budget PESC dont le montant est de 2,4 milliards d'euros. Le Conseil a demandé une coordination étroite et régulière entre lui, le SEAE et la commission afin d'assurer la complémentarité et d'éviter les doubles emplois ou les lacunes, en particulier entre l'instrument pour l'Europe mondiale et la Facilité européenne pour la paix qui est dotée d'un plafond financier de 5,692 milliards d'euros à prix courants pour la période 2021-2027, soit la moitié du budget de 10 milliards d'euros proposé à l'origine. Le plafond des fonds pouvant être mis à la disposition de la facilité chaque année augmentera progressivement, passant de 420 millions d'euros en 2021 à 1,132 milliard d'euros en 2027. À titre de comparaison, l'UE a alloué 3,5 milliards d'euros à la Facilité africaine pour la paix depuis sa création en 2003. Comme cela a été le cas pour le FED, la nouvelle facilité sera financée par les contributions annuelles de tous les États membres de l'UE (à l'exception du Danemark dont l'opt-out le dispense de participer à l'élaboration et à la mise en œuvre des décisions et actions de l'Union qui ont des implications en matière de défense et de contribuer à leur financement). Les contributions seront déterminées sur la base d'une clé de répartition se basant sur le revenu national brut.

[92] Entretien avec un responsable de la Commission européenne, avril 2021.

extérieure de l'UE découlait, non pas de sa volonté de poursuivre et défendre ses intérêts, mais d'une vision idéale de sa relation avec des pays tiers. Ceci lui a valu d'être considérée, pendant longtemps, comme une « puissance « molle », civile ou normative »[93]. Comme l'ont relevé certains responsables de la commission, aussi bien la cogestion que le processus de programmation ont créé une symétrie dommageable en ceci que ni l'UE ni les États et organisations partenaires n'étaient en mesure de déterminer le contenu et les domaines de la coopération, ce qui créait de fait une insatisfaction chez les deux partenaires[94].

Le financement devenant un instrument unilatéral, l'UE pourra désormais assumer ses choix, d'autant plus que le processus de programmation, même s'il se fonde encore sur la consultation, devient lui aussi un exercice unilatéral par lequel l'UE définit les domaines de la coopération. Certes, en matière de politique étrangère, contrairement à d'autres acteurs qui de manière claire défendent leurs intérêts nationaux, l'UE s'oblige à mettre en avant ses « valeurs »[95], comme si son action internationale était dénuée de tout intérêt.

[93] Ian Manners, « Normative Power Europe: A Contradiction in Terms », Journal of Common Market Studies, 2002, 40 (2), pp. 235-258.
[94] Entretien avec un responsable européen, avril 2021.
[95] L'article 21 du TUE définit l'action de l'Union sur la scène internationale, par référence aux principes sur lesquels elle doit reposer (démocratie, État de droit, droits de l'homme, respect des principes de la charte des Nations Unies et du droit international).

PARTIE 5 :

LES DÉFIS DE LA COOPÉRATION UE-ACP DANS LE CONTEXTE DE L'ACCORD DE SAMOA

Chapitre 19 :

Les questions en suspens, malgré tout

La mise en œuvre de l'accord fera face à d'importants défis, au regard des nombreuses questions et problématiques qui n'ont pas été complètement réglées lors des négociations, en raison notamment du recours pendant les négociations aux techniques des « textes dilués » et du « give one-take one », qui a permis d'obtenir des compromis entre les parties sur les questions les plus controversées. Le revers de la médaille est la large place laissée à l'interprétation, en particulier en ce qui concerne les questions politiques à l'instar de la migration, la peine de mort, la santé sexuelle et reproductive, la non-discrimination fondée sur le genre et l'orientation sexuelle... Le processus d'adoption du texte par le conseil a mis en évidence les divergences d'interprétations et même les niveaux de satisfaction très disparates entre les États membres, comme sur la question des migrations. De même, la nature « mixte » de l'accord et son entrée en vigueur provisoire ont ouvert des questions dont la portée n'est pas encore tout à fait cernée.

Sur les questions migratoires par exemple, pour certains, contre toute évidence cependant, le nouveau traité autoriserait une forme d'immigration légale des citoyens des pays ACP vers l'UE par le biais de visas et de regroupement familial. Mécontents du fait que la proposition initiale de reconduire purement et simplement les migrants illégaux vers leur pays sans aucune procédure d'identification bilatérale n'ait pas été retenue dans le texte, ces pays prétendaient que le traité passe sous silence le débat autour de l'impact culturel de l'immigration légale en provenance des pays ACP. Même si la démarche de ces pays a été perçue comme un stratagème pour obtenir des concessions sur d'autres dossiers au sein du conseil, il reste que la question migratoire aura été au centre des préoccupations avant, pendant et après les négociations.

Pour la partie ACP, même si le texte initialement proposé par les Européens a été substantiellement modifié et que le retour et la réadmission restent soumis à l'accord préalable du pays dont le migrant a la nationalité, la formulation ne donne pas une totale satisfaction. Il faut souligner que dans le même temps, l'UE a soutenu certains pays africains dans le cadre du Fonds fiduciaire d'Urgence, avec des projets biométriques pilotes conçus pour aider à l'identification des citoyens. Ces projets pourront être utilisés pour soutenir des objectifs de migration à l'avenir. Tout laisse donc croire que la question occupera une place centrale dans la mise en œuvre de l'accord.

Le texte n'a pas non plus clairement établi les responsabilités des organisations régionales ou continentales dans sa mise en œuvre, de sorte que l'argument avancé en faveur d'un rôle croissant de l'UA plutôt que de l'OEACP dans la relation UE/ACP reste une source de discorde.

Cet état de choses induit des difficultés accrues au niveau de la coordination. Actuellement, le comité des ambassadeurs basé à Bruxelles joue un rôle important entre les entités nationales et régionales et l'UE. La régionalisation actée par l'accord de Samoa dilue non seulement le rôle central joué par l'OEACP, mais aussi celui du comité des ambassadeurs qui, en vertu du nouvel accord, est désormais regroupé avec les responsables régionaux et nationaux en tant que « hauts-fonctionnaires ». La manière dont l'interaction entre les fonctionnaires de l'UE, le comité des ambassadeurs, les fonctionnaires régionaux et nationaux se déroulera à l'avenir sera affinée dans la pratique.

Par ailleurs, les approches de financement du secrétariat de l'OEACP doivent encore être convenues. Bien qu'il ait été indiqué dans la déclaration de l'UE que des fonds seront mis à disposition, ceux-ci ne sont pas spécifiés.

Nombreuses sont les difficultés auxquelles feront face les parties dans la mise en œuvre des dispositions relatives à la santé sexuelle et reproductive qui faisaient partie du panier des négociations et des lignes rouges tracées par les négociateurs OEACP. La santé et l'éducation, introduites dans le texte de l'accord sur insistance de l'UE, sont deux domaines qui relèvent des compétences nationales.[96] Ceci a justifié le fait que l'accord soit un accord mixte. En l'absence d'unanimité entre

---

[96] Voir l'article 6 du traité sur le fonctionnement de l'UE.

les États membres, ces dispositions ne peuvent être appliquées provisoirement[97].

Nonobstant les exigences visées à l'article 36-2 et 3 de l'accord, ni la déclaration et le programme d'action de Beijing et le programme d'action de la conférence internationale sur la population et le développement ni aucun des documents finaux des conférences d'examen qui ont été négociés au niveau intergouvernemental ne comportent des références à la « santé et aux droits sexuels et génésiques », ce concept étant régulièrement contesté par bon nombre d'États. Des concepts connexes comme « services de soins de santé sexuelle et génésique, y compris à des fins d'éducation » sont utilisés dans le texte de l'accord sans être formellement définis. Dans l'interprétation et la mise en œuvre de ces dispositions de l'accord, l'accent pourrait être mis sur la souveraineté nationale afin d'atténuer la menace perçue par certains États OEACP (qui y voient une atteinte à leur souveraineté nationale en matière de réglementation de l'avortement, de politiques, de stratégies et programmes scolaires d'éducation sexuelle ou de sexualité humaine) tout en respectant le droit des pays plus progressistes de faire prévaloir une interprétation plus appropriée à leurs politiques nationales.

---

[97] Certains États comme la Namibie, la Tanzanie et l'Ouganda justifient leur refus de signer l'accord par ses dispositions sur la santé et l'éducation sexuelle et reproductive qui ne sont pas compatibles avec leur constitution. Dans une « déclaration publique » faite aux parlementaires de son pays, le ministre namibien des Affaires étrangères justifie les raisons qui motivent son pays à ne pas signer l'accord de Samoa. Il relève notamment que dans le contexte géopolitique actuel d'attaques contre la famille traditionnelle et de restriction de la liberté de culte religieux, l'accord de Samoa contient des dispositions « inacceptables autorisant la contraception, l'avortement, les droits spéciaux LGBTIQ ». Il cite l'article 36 sur la santé et les droits sexuels et reproductifs, estimant qu'il « est un cheval de Troie pour la contraception, l'avortement et l'agenda LGBTIQ ».
Selon lui, l'article 97 de l'accord est une clause de suprématie qui porte atteinte encore davantage à la souveraineté des États, car l'accord UE-ACP doit l'emporter sur d'autres accords que les États ACP ont pu conclure, y compris les cadres juridiques respectifs conclus entre États membres de l'OEACP. Il convient donc de noter que l'accord UE-ACP ne comprend aucun mécanisme permettant aux États africains de formuler des réserves ou des déclarations exemptant leurs pays de dispositions controversées ou contraires à leurs lois nationales. Le ministre namibien arrive aisément à la conclusion selon laquelle l'accord est conçu pour obliger les pays ACP à promouvoir les droits des LGBT ou l'avortement ou encore l'éducation sexuelle complète et les droits sexuels des enfants.

Mais il faut déjà souligner que l'accord fait obligation aux parties d'intégrer le développement social « dans tous les aspects de leurs relations commerciales » et d'encourager un niveau élevé de protection environnementale, sociale et du travail dans le cadre des relations commerciales, y compris les engagements en matière de santé et droits sexuels et génésiques (articles 29 et 36).

Bien plus, l'accord appelle à la promotion d'une « perspective genre » et à l'intégration de l'égalité homme/femme dans toutes les politiques, ainsi qu'à l'adoption d'une approche intégrée de la coopération dans tous ses aspects. L'accord étant un accord global, en le signant, les États s'engagent de façon implicite à une mise en œuvre holistique de toutes ses dispositions. Étant donné que la position de l'UE sur ces questions est implicite dans l'ensemble de l'accord, il semble incertain que les parties parviendront, comme cela est disposé par l'accord, à « adopter des positions communes y relatives » et à mettre en œuvre des actions conjointes dans les enceintes internationales.

Dans le même ordre d'idées, la nature de l'accord n'a pas fini de poser des problèmes. En décidant de recourir à un « accord mixte », la partie européenne a, comme nous l'avons vu au chapitre 12, relancé et réouvert les négociations, car cette décision avait d'importantes implications sur certaines dispositions du texte. En effet, un accord mixte nécessite pour entrer en vigueur, outre la procédure au niveau de l'Union, l'approbation des 27 États membres. Les délais considérables qui en découlent seront compensés par l'application provisoire, au moins pour la partie de l'accord relevant des compétences exclusives de l'Union. L'application provisoire trouve sa justification dans le besoin d'une action rapide pour des motifs économiques ou politiques. Il s'agit bien là *d'une technique juridique palliative qui permet la mise en application anticipée de l'accord (ou de certaines de ses dispositions) sans attendre l'achèvement des procédures nécessaires à son entrée en vigueur.*

Mais l'incertitude sur la durée de l'application provisoire demeure, car l'on sait, comme l'illustre l'accord CEUTA, qu'une application provisoire peut durer. Si cette technique est prévue par l'article 25 de la convention sur le droit des traités, elle n'est toutefois pas systématiquement envisagée au plan interne par les constitutions ou législations nationales. Pour les pays OEACP, il s'agissait d'une manière pour l'UE de se soustraire de certaines de ses obligations.

Chapitre 20 :

Quelle place pour le secrétariat de l'OEACP et les autres organes de mise en œuvre du FED ?

Les négociateurs OEACP avaient comme objectif majeur, à défaut de maintenir les « acquis du FED », d'assurer la pérennité du financement du secrétariat. Cet objectif a été atteint à travers l'engagement pris par l'UE dans la déclaration sur les moyens de financement. L'autre souci constant qui a guidé l'action et les intentions des négociateurs OEACP était de s'assurer que le secrétariat OEACP continuerait de jouer un rôle prépondérant dans la mise en œuvre du nouvel accord.

1- L'OEACP, les organisations et communautés économiques régionales et la mise en œuvre des programmes multipays

Au plan institutionnel, l'accord de Samoa vise à la fois à rationaliser le cadre institutionnel du partenariat OEACP-UE et à réorienter la priorité vers les régions. Il ne prévoit pas clairement le rôle que le secrétariat de l'OEACP sera appelé à jouer dans sa mise en œuvre, alors même que l'OEACP souhaite jouer un rôle au moins aussi important que celui qu'il avait dans l'accord de Cotonou, à la lumière des missions que lui assigne l'accord de Georgetown révisé, notamment en son article 23 qui prévoit sa transformation en un « centre d'excellence ». Bien plus, l'annexe 2 de l'accord de Georgetown révisé crée parmi les organes subsidiaires et consultatifs un comité de coordination des organisations interrégionales compétent pour les questions transversales et thématiques et pour toutes les autres questions importantes pour la promotion de l'intégration et de la coopération régionales.

Si l'accord a clairement défini les institutions conjointes de mise en œuvre et reconnu le rôle des organisations régionales et continentales dans sa mise en œuvre, il reste vague et imprécis sur ces aspects. Le secrétariat de l'OEACP a toutefois une position avantageuse, le secrétaire général étant un membre de droit du comité OEACP-UE au niveau des ambassadeurs et des hauts fonctionnaires. À ce titre, il prend part à ses réunions (article 89).

Conscient de ce vide et sachant que tout va se décider lors des négociations qui vont suivre la signature de l'accord, le secrétariat OEACP a très vite engagé des réflexions et démarches visant à proposer un cadre institutionnel de mise en œuvre dans lequel il occupe bien évidemment une place centrale. Après le paraphe de l'accord et avant même sa signature, conscient du risque de se voir supplanter par les exécutifs des organisations régionales, il a multiplié des initiatives visant à se positionner comme le principal interlocuteur de l'UE dans la mise en œuvre du nouvel accord, notamment en ce qui concerne le socle commun. L'on a assisté alors à un duel à distance avec la commission de l'UA qui, de son côté, ne ménageait aucun effort pour tirer profit de la place accordée aux organisations régionales par les protocoles régionaux.

Le plaidoyer de l'OEACP s'est fondé, entre autres, sur les similitudes qu'elle trouve entre l'accord de Samoa et l'accord de Georgetown révisé et sur la déclaration de l'UE sur les moyens de coopération et de mise en œuvre. Dans cette déclaration, l'UE s'engage à contribuer aux dépenses de fonctionnement du secrétariat de l'OEACP en ce qui concerne la mise en œuvre de l'accord, y compris ses protocoles. Il faut rappeler qu'en élargissant le champ des compétences de l'OEACP, l'accord de Georgetown confère au secrétariat la responsabilité de mettre en œuvre les accords conclus avec des partenaires. Il le charge également de fournir des services non seulement aux organes de l'OEACP, mais aussi aux institutions conjointes instituées avec l'ensemble des parties extérieures (article 23 de l'accord de Georgetown révisé).

Le secrétariat OEACP a alors plaidé en faveur de la mise en place d'un mécanisme de coordination et de liaison entre son secrétariat et les organisations régionales, mais aussi continentales, pour la mise en œuvre des protocoles de l'UE avec chaque région en envisageant même la création de co-secrétariats. Il s'est également proposé de mettre en place, faciliter et gérer des mécanismes qui offriront un cadre pour le dialogue de partenariat, d'abord au niveau de l'OEACP et puis, le cas échéant, au niveau conjoint OEACP-UE avec les parties prenantes identifiées, y compris les parlements, la société civile, le secteur privé et les autres partenaires économiques et sociaux, tout en reconnaissant qu'il appartient aux trois régions concernées de définir une structure optimale pour la mise en œuvre de leurs protocoles respectifs.

L'OEACP s'engageait alors à :

- travailler avec la Commission européenne pour élaborer le règlement intérieur des institutions conjointes relevant du socle commun ;
- mettre en place et assurer la gestion des mécanismes qui serviront de cadre au dialogue de partenariat avec la société civile et d'autres partenaires économiques et sociaux ;
- travailler avec l'UE pour proposer un mécanisme et des modalités opérationnelles destinés à renforcer la coopération avec l'UE sur la scène internationale ;
- poursuivre sa fonction de conception et de gestion de programmes plurinationaux de renforcement des capacités couvrant les régions Afrique, Caraïbes et Pacifique.

Dans le prolongement de cette dynamique, le conseil des ministres de l'OEACP a adopté au cours de sa 114e session en juin 2022, une décision désignant le secrétariat de l'OEACP comme chargé de la coordination, de la programmation et du suivi de la mise en œuvre des programmes plurinationaux au niveau transrégional en s'appuyant sur l'accord de Samoa, ainsi que du suivi de leur mise en œuvre.

Cet épisode est en quelque sorte la prolongation de la dispute qui avait précédé les négociations sur la question de savoir qui de l'UA ou de l'OEACP était l'organisation la plus « qualifiée » pour conduire les négociations en vue de la conclusion de l'accord successeur de l'accord de Cotonou. Cette querelle, comme on le voit, est loin d'avoir été bouclée avec la position commune adoptée par l'UA, ni même avec la conclusion de l'accord de Samoa. Elle va certainement marquer durablement l'accord de Samoa tout au long de son existence.

2- Les mesures prises par l'OEACP pour continuer à jouer un rôle majeur dans la coopération avec l'UE

Entre-temps, le véritable défi pour l'OEACP consiste à se maintenir dans le paysage institutionnel international. Et ce n'est pas le plus simple. Le nouvel exécutif de l'OEACP a travaillé avec la présidence en exercice kenyane (2019-2022) pour « positionner » l'OEACP dans le jeu multilatéral global. L'organisation du sommet virtuel extraordinaire intersession des chefs d'État et de gouvernement de l'organisation des États ACP le 3 juin 2020 sur le thème « Transcender la pandémie de COVID – 19 : renforcer la résilience par le biais de la solidarité internationale », peut à cet égard être considérée comme un temps fort dans cette démarche. Ce sommet a vu une participation active de plusieurs chefs d'États et de Gouvernement ACP[98], de pays partenaires[99], du secrétaire général des Nations Unies, du président du conseil européen, du directeur général de l'OMS et du secrétaire général de l'organisation des États ACP.

L'analyse de la réponse ACP à la crise liée à la COVID-19 renseigne sur la volonté de l'organisation de redéfinir son champ d'action. Cette organisation a compris que son expertise dans le champ de la coopération au développement et de la coopération commerciale multilatérale va, à la faveur de l'accord post-Cotonou, subir une forte concurrence des organisations régionales. Le champ politique duquel elle a été relativement absente jusque-là va donc être, pour elle, un champ d'expérimentation.

L'OEACP est certes l'une des rares organisations intergouvernementales actuelles dans le monde qui dispose de tant d'années d'expérience en matière de négociations commerciales, de financement du développement et de relations politiques au niveau national et entre ses États membres, et entre ceux-ci et l'Union européenne. Cependant, le capital social, les compétences et mécanismes organisationnels qui découlent de cette expérience ne lui ont pas procuré un avantage comparatif dans des domaines tels que la production de connaissances, l'analyse des politiques de

[98] Les chefs d'État ACP qui y ont pris part sont : les Présidents du Kenya, de la République sud-africaine, de la Gambie, de la République du Congo, de la Zambie, de Guinée-Bissau et du Rwanda, invité spécial ; les Premiers ministres de Barbade, de Tuvalu, de Papouasie Nouvelle-Guinée, de Fidji et de Jamaïque. Il s'agit là des chefs d'État et de gouvernement dont les pays occupent une responsabilité au sein des instances décisionnelles de l'OEACP, entre autres le comité des ambassadeurs, les groupes régionaux… Il convient de signaler que le processus préparatoire du sommet a été marqué par des tractations suivant lesquelles plusieurs ambassadeurs souhaitaient que leurs plus hautes autorités prennent également une part active au sommet. Le choix de ce format, finalement réaliste, semble s'être imposé pour des raisons pratiques et logistiques.

[99] Le président de la République française, le Premier ministre de Norvège, le Premier ministre du Canada, le Premier ministre d'Australie.

développement, le renforcement des capacités ainsi que le commerce et l'investissement au niveau intra-ACP.

Par ailleurs, ses ressources humaines et institutionnelles n'ont pas été suffisamment exploitées pour permettre aux États ACP d'en tirer un profit maximum, bien que la situation mondiale actuelle offre des possibilités pour déployer des idées, des connaissances et des outils nouveaux en vue de promouvoir une profonde restructuration des économies ACP.[100] Cette situation ouvre au groupe ACP des perspectives pour participer efficacement, de façon complémentaire et subsidiaire, à des actions aux plans mondial, régional et national. Le groupe peut ainsi accroitre sa visibilité. Le déplacement du centre de gravité vers les régions, avec comme corollaire un affaiblissement du secrétariat ACP, est une contrainte supplémentaire.

L'option définitivement choisie pour le multilatéralisme et les démarches visant à assurer au secrétariat ACP une autonomie financière à travers la création du Fonds fiduciaire et de dotation et la mobilisation des contributions nationales sont les seules à même de garantir à l'organisation rénovée une survie dans un monde qui change.

Aussi, la prise de fonction du nouvel exécutif dans cette période charnière laisse présager une transition pertinente. La figure du nouveau secrétaire général dont la grande expérience politique internationale est un atout va être déterminante. Son élection en décembre 2019 à Nairobi au Kenya, lors du 9e sommet ordinaire des chefs d'État et de gouvernement, a été très positivement accueillie par la critique, tant son profil correspond aux défis à relever. Ce profil va sans doute déteindre sur l'orientation des activités du secrétariat qui deviendra plus politique, comme le démontre le bilan des cent jours de son mandat.

Le secrétariat ACP, dont la taille a été considérablement réduite, réussira-t-il à valoriser au sein de ses États membres et des organisations régionales l'expérience acquise dans le domaine de la coopération au développement et des négociations commerciales ?[101]

---

[100] Il convient cependant de relever que la réforme institutionnelle finalisée par le nouvel exécutif de l'OEACP a considérablement réduit la taille de ses ressources humaines, ce qui contraste avec sa volonté de se positionner en acteur global et de fournir une assistance technique aux organisations régionales et/ou continentales dans le cadre de la mise en œuvre de l'accord de Samoa.

[101] http://www.acp.int/fr/content/l-oeacp-est-entree-dans-une-phase-de-changement-et-de-reforme-et-l-annee-2020-ete-riche-en-d

Les démarches récentes portées par le secrétariat ACP et la présidence en exercice donnent du contenu à l'affirmation sans cesse répétée suivant laquelle le multilatéralisme est pour les 79 États ACP le moyen le plus adapté pour se faire entendre dans le concert des Nations. Cette dynamique est à l'œuvre dans la réponse du groupe à la pandémie liée à la Covid-19. Si l'OEACP veut rester pertinente dans l'environnement institutionnel actuel, elle a intérêt à maintenir cette tendance, à régler l'équation de son financement pérenne et à assurer la transition qu'impliquera la mise en œuvre de l'accord de Samoa, alors que les régions vont désormais jouer un rôle prépondérant dans sa mise en œuvre.

La situation du Secrétariat ne s'est cependant pas améliorée. Les Etats membres peinent toujours à payer leurs contributions, de sorte que le partenaire européen, principal pourvoyeur de fonds, a exprimé des inquiétudes sur la viabilité de l'organisation. Pour sortir de ce marasme, une réflexion est conduite par le Comité des Ambassadeurs. Il semble nécessaire non seulement de revoir les missions de l'organisation, d'adapter son organigramme, mais aussi de trouver un mécanisme de financement plus efficace. L'Ambition portée par l'Accord de Georgetown révisé, qui a élargi le champ de compétences de l'organisation, est confrontée à la précarité financière et le manque de ressources humaines.

3- Le choc du retrait de la République sud-africaine

Alors que l'OEACP célébrait sa rénovation, son unité et sa solidarité et attendait la signature de l'accord post-Cotonou, une décision inattendue a perturbé sa quiétude. En effet, le 7 septembre 2022, la République sud-africaine a notifié à l'OEACP sa décision de se retirer de cette organisation avec effet immédiat. Selon les Sud-africains, « l'accord de Georgetown révisé et l'accord de partenariat post-Cotonou avec l'UE (lui) posent problème, dans la mesure où ces textes pourraient s'avérer restrictifs en termes de champ d'action ou de cohérence dans la mise en œuvre par l'Afrique du Sud et l'Afrique de l'accord instituant la Zone de libre-échange continentale africaine et/ou la révision de l'APE entre la SADEC et l'UE ».

Cette décision de retrait doit être mise en rapport avec les démarches qui ont précédé l'ouverture des négociations formelles avec l'UE en vue de la conclusion de l'accord post-Cotonou. Les chapitres 3 et 6 ont rappelé les acteurs qui avaient montré peu d'enthousiasme face à la décision du groupe OEACP de réviser l'accord de Georgetown afin, entre autres, d'en faire une organisation internationale sui generis et d'élargir son champ de compétence qui englobe désormais les questions politiques. Sur la coopération UE/ACP post-Cotonou, ces acteurs privilégiaient un basculement du centre de gravité vers les régions, en particulier l'UA, afin de soutenir la dynamique de la régionalisation sur le continent africain et poser l'UA au centre de la coopération. Par conséquent, la dynamique consistant à renforcer le secrétariat de l'OEACP à travers la révision de l'accord de Georgetown n'était pas compatible avec leurs visions et intérêts.

Toutefois, il ne faut pas non plus perdre de vue le fait que la RSA a rejoint le groupe ACP au lendemain de l'abolition de l'apartheid avec un statut particulier, en raison de son stade d'industrialisation très avancé, de la diversification et de la compétitivité de son économie. C'est ainsi qu'elle n'a adhéré que partiellement à la convention de Lomé en 1998 sans bénéficier de ses dispositions relatives au commerce et à l'aide. Parallèlement, elle a signé avec l'UE un accord global sur le commerce, le développement et la coopération en 1999 ainsi qu'un plan d'action conjoint pour un partenariat stratégique en 2007. À cet égard, elle fait partie des dix partenaires stratégiques de l'UE à l'échelle mondiale.

Les conséquences de la décision de retrait de l'Afrique du Sud sont nombreuses. L'Afrique du Sud est l'une, sinon l'économie la plus diversifiée et puissante de l'OEACP. Étant membre des BRICS et disposant d'un partenariat stratégique avec l'UE, elle a une influence politique certaine qui va manquer à l'OEACP. Son retrait est donc, au plan politique, un coup dur à la dynamique actuelle de l'OEACP qui voulait se diversifier en renforçant son unité et sa solidarité.

Au plan budgétaire et financier, l'OEACP perd l'un de ses plus grands contributeurs (sa contribution a représenté environ 6% du budget durant les cinq dernières années), alors même qu'elle fait face à des difficultés budgétaires persistantes en raison de la très faible mobilisation des contributions statutaires des États membres. Ces difficultés vont s'aggraver prochainement avec les incertitudes qui pèsent sur la subvention du partenaire européen.

CONCLUSION

L'accord de Samoa marque-t-il la « normalisation » de la relation UE-ACP ?

Le processus de négociation de l'accord de Samoa a démontré une fois encore que la relation, conçue alors que les entités constitutives aujourd'hui de l'OEACP n'avaient pas encore accédé à la souveraineté internationale et que l'UE en était encore à ses balbutiements, fait preuve d'un dynamisme particulier et d'une capacité à s'adapter aux circonstances et aux mutations de la scène internationale. L'examen du contexte historique des négociations post-Cotonou nous a fait comprendre que les deux parties étaient conscientes du fait qu'il fallait aller sur de nouvelles bases, renforcer les acquis de Lomé/Cotonou et tirer les leçons des mutations survenues.

L'on retiendra de l'accord de partenariat de Cotonou qu'il a encadré le dernier modèle de coopération au développement Nord-Sud. La structure du nouvel accord et la manière dont il a été négocié suggèrent que la relation a profondément changé : les partenaires sont progressivement passés d'une relation asymétrique et préférentielle centrée sur le développement des ACP vers un partenariat axé sur les intérêts, visant à servir leurs préoccupations respectives et d'un accord de coopération à un cadre de dialogue politique. Depuis Cotonou, la dimension préférentielle des conventions de Lomé s'est progressivement érodée, tandis que la relation entre l'Europe et les ACP a perdu son « unicité » : le régime commercial ACP-UE a été profondément remanié pour se conformer aux règles du libre-échange. De même, avec la fin du FED et la fin de la gestion conjointe, l'aide n'est plus au cœur du partenariat. À bien des égards, le traitement accordé aux pays ACP n'est pas différent de celui appliqué aux autres régions en développement. De fait, la relation ACP-UE, qui a longtemps été un modèle particulier, se trouve aujourd'hui normalisée, même si elle reste fortement asymétrique.

Même si la question est loin d'être réglée, les développements récents suggèrent que l'on s'oriente vers un nouvel équilibre institutionnel qui laisse une place prépondérante aux organisations continentales et aux pays qui auront un rôle renforcé étant donné que les aspects opérationnels et le contenu de la coopération se sont déplacés vers les protocoles régionaux et s'ancrent dans les pays OEACP. En revanche, les communautés économiques régionales ne s'en sortent pas à si bon compte. L'approche régionale est supplantée par l'approche multipays. De même, l'OEACP et son secrétariat, pendant longtemps le pivot autour duquel la relation avec l'Europe a tourné, seront davantage façonnés et vont accélérer leur processus de transformation déjà en cours. L'on verra si les réformes institutionnelles engagées leur permettront de se réinventer pour jouer le rôle prépondérant que leur souhaitent leurs membres. L'UA également, qui aura pour la première fois une responsabilité directe dans la mise en œuvre de la coopération, va devoir s'adapter. À cet égard, il sera intéressant de voir comment fonctionneront les nombreux nouveaux dispositifs et mécanismes opérationnels.

La fin du FED est une innovation majeure qui aura des implications importantes sur la relation. L'instauration du NDICI a achevé de normaliser la relation, car désormais, la relation est financée par un instrument qui non seulement fait partie du budget européen, mais aussi implique d'autres entités non ACP.

D'autre part, cet accord, fruit d'un compromis âprement négocié, laisse apparaitre que si l'Union européenne et les États membres de l'organisation des États ACP ont des intérêts convergents dans un certain nombre de domaines tels que la lutte contre le changement climatique et la promotion d'une croissance économique durable et créatrice d'emplois en Afrique, ils doivent encore trouver un terrain d'entente sur de nombreuses questions politiques et sociétales comme la migration, la gestion de la sécurité, la santé et les droits sexuels et reproductifs...

Les questions politiques et culturelles ont en effet été au centre des divergences entre les parties. L'on peut retenir que si la notion de valeurs partagées est importante en ce qu'elle cimente les partenariats autour d'idées et de normes communes, ces négociations soulignent la nécessité de reconnaitre les différences dans les contextes culturels dans lesquels ces valeurs trouvent leur expression et le rythme auquel des changements significatifs peuvent être introduits et soutenus. Le dialogue est appelé à se poursuivre sur ces questions pour essayer de construire une communauté de valeurs.

Par ailleurs, le processus de négociations a également rappelé une vérité cardinale en matière de négociations internationales : les négociations sont déterminées par le pouvoir et la puissance de chaque partie négociante. En effet, alors qu'au début des négociations les deux parties convergeaient sur le fait que la relation doit se déplacer au-delà de celle du donateur / bénéficiaire, elles ne niaient pas la réalité selon laquelle des asymétries de pouvoir existent dans la relation et que les jeux de pouvoir seraient utilisés pour exercer un effet de levier dans les négociations.

Ce jeu de pouvoir a été à l'œuvre, à plusieurs reprises, et utilisé par l'une ou l'autre partie. L'UE a ainsi agité un certain nombre de mesures de rétorsion afin d'obtenir des concessions sur la question du retour et de la réadmission. Malgré la pression des États ACP, l'UE n'a jamais ouvert des négociations sur le financement du développement. Par ailleurs, en liant plusieurs points litigieux tels que la santé et les droits sexuels et reproductifs et la coopération au développement, l'UE a utilisé sa puissance pour faire reculer l'autre partie et obtenir des concessions importantes.

La partie OEACP n'a pas hésité, elle non plus, à faire valoir ses positions de force sur certains points. Elle a ainsi, lors du dernier round de négociations, lorsque les négociations achoppaient sur des questions politiques sensibles, fait valoir la notion de « lignes rouges » pour préserver ses positions. Elle a réussi à préserver les « questions non négociables » et à ne pas les utiliser comme monnaie d'échange pour négocier des conditions plus acceptables dans d'autres domaines.

Les négociateurs ACP ont également été proactifs et ont su éviter le piège des protocoles régionaux qui auraient pu, en divisant le groupe OEACP, faire accepter au niveau régional des dispositions et formulations refusées au niveau commun. Dans leur esprit, le recours aux protocoles régionaux participait de la vieille stratégie du « diviser pour mieux régner ». Ils ont annoncé très tôt que les protocoles régionaux seraient mis en cohérence avec le socle commun et que ne seront discutées dans les protocoles régionaux que les questions faisant déjà l'objet d'un accord dans le socle commun. On a ainsi vu l'émergence du principe suivant lequel « rien n'est acquis tant que tout n'est pas acquis », pour dire qu'aucun protocole régional ne peut être conclu tant qu'il n'y a pas un accord sur l'ensemble du texte. Cette approche a permis de maintenir l'unité et la cohésion du groupe OEACP même si au final, il y a d'importantes variations d'un protocole à un autre, au regard des spécificités thématiques de chaque région.

Par ailleurs, les parties ont insisté sur le fait que les protocoles régionaux doivent se fonder sur le respect des lois nationales et des accords applicables, sur les concepts d'égalité souveraine des États et sur la restriction de l'utilisation de mesures coercitives et unilatérales. En appliquant ce langage universellement reconnu, les parties laissaient peu de place à l'ambiguïté sur les paramètres dans lesquels la mise en œuvre se produirait.[102]

La négociation de l'accord de Samoa nous enseigne également qu'une bonne préparation et une cohérence interne sont indispensables à la conduite de négociations réussies. Cette affirmation est valable aussi bien pour l'UE que pour les États membres de l'OEACP. Force est de constater que l'OEACP a été remarquablement préparée pour la négociation de cet accord. Selon certains observateurs, son état de préparation a surpris la partie européenne qui, de fait, a eu de la peine à formuler des positions sur de nombreux sujets sur lesquels les négociations se faisaient encore en interne. Cela a été notamment le cas en ce qui concerne le financement de la coopération, la migration, la définition des parties et bien d'autres sujets. L'insistance et la subtilité de l'équipe des négociateurs ACP ont perturbé la stratégie de l'UE qui souhaitait terminer les négociations avant les changements prévus à la commission et à la tête d'autres institutions européennes, en novembre 2019. L'OEACP a joué sur le temps. Cette stratégie s'est avérée payante.

S'agissant de la cohérence interne, la difficulté à articuler les positions de 79 États historiquement, culturellement et économiquement différents a souvent été en défaveur de l'OEACP. La querelle avec l'UA a fragilisé le groupe et créé des tensions perceptibles tout au long des négociations. De même, sur plusieurs points sensibles, y compris certaines « lignes rouges » (la peine de mort, la santé sexuelle et reproductive et l'identité sexuelle), les positions divergeaient au sein du groupe ACP. La moindre implication des Caraïbes et du Pacifique sur les questions relatives à la migration contrastait avec leur engagement sur les questions fiscales et le changement climatique. Parmi les États africains, certains se sont caractérisés par une extrême timidité lorsque les échanges étaient dans le vif concernant la peine

[102] Len Ishmael, *op. cit.*

capitale, la Cour pénale internationale, l'éducation et la santé sexuelles et reproductives et la discrimination fondée sur le genre ou encore l'identité sexuelle. Il en est ainsi simplement parce que sur ces questions, la situation est loin d'être homogène dans ces différents États. Dès lors, le mérite des négociateurs ACP réside en ceci qu'ils ont réussi à préserver une certaine cohérence en dépit de ces facteurs d'individuation qui auraient pu conduire à une réelle dislocation.

Au sein de l'UE, les divergences entre les États membres sur le respect de l'État de droit et la migration ont également engendré quelques difficultés pendant les négociations et même après, lorsqu'il fallait faire valider le texte paraphé par les instances européennes. L'on a également vu que les Européens n'étaient pas nécessairement d'accord sur les rôles que les différentes institutions sont appelées à jouer dans l'accord, notamment le parlement européen dont l'ultimatum lancé en toute fin des négociations a précipité l'adoption de certaines dispositions. Au demeurant, la définition de la partie européenne est restée en suspens après même le paraphe de l'accord, révélant une incompréhension majeure entre la commission et les États membres.

Ces négociations nous donnent également des leçons sur la gestion du temps qui peut être cruciale dans la défense des intérêts. Les Européens sont venus à la table des négociations avec des directives qu'ils entendaient imposer à l'autre partie. L'on a d'ailleurs souligné que la structuration des directives européennes laisse croire qu'il s'agissait de l'avant-projet d'accord, sur la base duquel allait se négocier le texte. Seulement, le délai proposé au début des négociations pour leur conclusion a été jugé trop court par l'OEACP qui a préféré « jouer la montre ». En effet, conscients de l'asymétrie et du jeu de puissance en faveur de l'UE, les négociateurs OEACP ont subtilement fait jouer le temps en leur faveur, pressentant que le changement politique à la tête de l'UE que les négociateurs de cette partie souhaitaient éviter pourrait être une carte à jouer. Ils n'ont pas eu tort d'adopter une telle stratégie. Ayant commencé les négociations sur les chapeaux de roue, l'UE a perdu de son élan en raison de plusieurs facteurs, notamment les changements politiques et la recomposition des équipes, les querelles politiques entre les 27 sur l'État de droit et ses conséquences sur l'adoption du budget et la crise de COVID-19. Ceci a permis à l'équipe OEACP de se réorganiser et de tenir bon sur les questions politiques qui ont meublé la fin des négociations. De même, en convenant de renvoyer à la fin des négociations l'examen de ces questions sensibles, l'OEACP a réussi à coordonner en interne les positions divergentes de ses États membres.

La lecture de la situation faite par l'OEACP s'est également avérée juste, s'agissant de la perspective de la présidence allemande de l'UE qui a commencé en juin et s'est achevée en décembre 2020. Alors que certains membres de l'équipe de l'UE suggéraient qu'il était dans l'intérêt de l'OEACP d'achever les négociations avant cette présidence, celle-ci a finalement augmenté les chances de parvenir à un accord, compte tenu du poids, de la stature et de l'influence de l'Allemagne dans l'UE qui a facilité la voie vers le consensus. En fin de compte, les négociations sous la présidence allemande ont été jugées justes et équilibrées et un accord a été conclu en décembre 2020 lors de ses derniers jours.

Qu'un accord d'une telle complexité ait pu être négocié en si peu de temps constitue un véritable exploit, rendu possible par la flexibilité et l'esprit de compromis qui ont permis aux parties, à tous les niveaux du processus, d'avancer.

Le résultat est un texte novateur qui s'inscrit dans la continuité de la rénovation d'une relation dynamique qui n'a jamais cessé de moderniser ses piliers en transformant ses principes et en se trouvant de nouveaux défis et enjeux. Si l'accord de Samoa n'a pas sonné définitivement le glas du modèle mis en place depuis l'accord de Yaoundé, il l'a structurellement transformé. Mais en décomplexant sa relation avec les pays ACP et en mettant fin aux éléments d'attractivité qui la caractérisaient, l'Europe va peut-être contribuer, sans le vouloir, à un basculement définitif de ces pays vers les autres acteurs géopolitiques qui les bousculent dans leur pré carré traditionnel. /-

RÉFÉRENCES BIBLIOGRAPHIQUES

Alfonso Medinilla and Jean Bossuyt (2019), *Africa-EU relations and post-Cotonou: African collective action or further fragmentation of partnerships*?, ECDPM, Briefing Note no. 110.

Bilal, S. (2019), *Leveraging the next EU budget for sustainable development finance: The European Fund for Sustainable Development Plus (EFSD+)*. ECDPM Discussion Paper 243. Maastricht: ECDPM.

Bossuyt, J., Keijzer, N., Medinilla, A. and De Tollenaere, M. (2016), *The future of ACP-EU relations: A political economy analysis*. Policy Management Report 2). Maastricht: ECDPM.

Camilla Adelle and Simon Lightfoot (2018), "Africa: searching for shared issues and overcoming asymmetries", in Camilla Adelle, Katja Biedenkopf and Diarmuid Torney (eds.), *European Union External Environmental Policy. Rules, Regulation and Governance Beyond Borders*, London, Palgrave Macmillan.

Chadwick, V. (2023), *Scoop: Global Gateway 2024 'Flagships' Reveal EU self-interest*. Devex.

CoEU. (2017), The new European consensus on development 'Our World, Our Dignity, Our Future'. Joint statement by the Council and the Representatives of the Governments of the Member States meeting within the Council, the European Parliament and the European Commission. 7 June 2017. Brussels: The Council of the European Union (CoEU).

Concord. (2023), AidWatch 2023. Bursting the ODA inflation bubble. Brussels: Concord Europe.

EC. (1997), Green Paper on relations between the European Union and the ACP countries on the eve of the 21st century. Challenges and options for a new partnership, Brussels, European Communities.

EC. (2017), Recommendation for a Council Decision authorizing the opening of negotiations on a Partnership Agreement between the European Union and countries of the African, Caribbean and Pacific Group of States and annex, COM.

EC. (2018), Mid Term Evaluation of 11th European Development Fund (EDF). EU Monitor.

EC. (2020), The external dimension of the Green Deal. Brussels: European Commission.

EU. (2023a), Working Better Together as Team Europe Through joint programming and joint implementation guidance. Brussels: European Union.

De Groof, E., Bossuyt, J. Abderrahim, T. and Djinnit, D., *Looking north and moving south: Little enthusiasm for a continent-to-continent approach - North Africa's double pursuit* - Part I. ECDPM Discussion Paper, 238.

Di Ciommo, M. and Sayós Monràs, M. (2018), *Sailing new waters in international cooperation*. ECDPM Discussion paper 224.

Di Ciommo, M., De Groof, E. and Thijssen S. (2019), *Assertive, appreciative and aloof: South Africa, Cabo Verde and Ghana reflect on EU research and innovation collaboration*. ECDPM.

Discussion Paper 251. European Commission. 2018. Communication on a new Africa – Europe Alliance for Sustainable Investment and Jobs: Taking our partnership for investment and jobs to the next level. Brussels, 12.9.2018 COM(2018) 643.

Gauthier Schefer (2019), *Post-Cotonou and the EU-African relationship A green light for a renewed cooperation?* Bruges Political Research Papers / Cahiers de recherche politique de Bruges, No 77.

Geert Laporte (2019), *The ACP group and the African Union in the post-Cotonou negotiations: Survival of the fittest?*, ECDPM.

Ian Manners (2002), *Normative Power Europe: A Contradiction in Terms*, Journal of Common Market Studies.

John Rawls (2006), *Libéralisme politique*, Paris, PUF.

Jones, A. Di Ciommo, M., Sayós Monràs, M., Sherriff, A., and Bossuyt, J. (September 2018), *Aiming high or falling short? A brief analysis of the proposed future EU budget for external action*. ECDPM Briefing, Note 104. Maastricht.

Jones, A. and Keijzer, N. (2021), *Programming the NDICI in times of COVID-19: Five takeaways from a recent webinar*. ETTG, ECDPM and DIE.

Jones A., Keijzer N., Friesen I. and Veron P., (May 2020), E*U development cooperation with Sub-Saharan Africa 2013- 2018: Policies, funding, results, study*, the European Centre for Development Policy Management and the German Development Institute.

Jones, A., Tadesse, L. and Apiko, P. (2019), *Continental drifts in a multipolar world. Challenges for Africa Europe relations in 2019*. ECDPM Challenges Paper, January 2019.

Julien Freund (1986), L'essence du politique, Paris, Sirey.

Keijzer, N., Medinilla, A. (2017), *Can the EU prioritize both the African Union and the Africa, Caribbean and Pacific group?* Brussels: ETTG.

Koch, S. and Keijzer, N. (2021), *The External Dimensions of the European Green Deal: The Case for an Integrated Approach*. IDOS briefing paper 13/2021. Bonn: The German Institute of Development and Sustainability (IDOS).

Len Ishmael (2021), *Insights Into the EU-OACPS Negotiations 2018-2021: What Are the Implications for the Future Partnership?* #MDPD Studies, The Multinational Development Policy Dialogue - KAS in Brussels.

Lundsgaarde, E. (2023), *The Future of the EU Blended Finance and Guarantees an Assessment of Cooperation Strategies with Least Developed Countries in Africa*. Discussion 2/2023. Bonn: The German Institute of Development and Sustainability (IDOS).

M. Negre, N. Keijzer, B. Lein and N. Tissi (2013), *Towards Renewal or Oblivion? Prospects for Post-2020 Cooperation between the European Union and the Africa*, Caribbean and Pacific Group, Deutsches Institut für Entwicklungspolitik/German Development Institute, Discussion Paper 9/2013.

Medinilla, A. and Bossuyt, J. (2018), *Charting the course to 2020: Fundamental choices for the negotiation of a future ACP-EU partnership*. ECDPM paper, January 2018.

Miyandazi, L. (2020), *New year, new aspirations for Europe-Africa relations? ECDPM Commentary*. Maastricht: ECDPM.

Nico Schrijver (2019), *Putting Principles Into Practice: A Continued Multilateral Regime for EU-ACP Relations after the Expiration of the Cotonou Partnership Agreement in 2020*, Éditions de l'Université de Bruxelles.

Olivier Nay et Franck Petiteville (2011), *Éléments pour une sociologie du changement dans les organisations internationales*, Presses de Sciences Po, n° 53.

Olivier Nay (2011), « What Drives Reforms in International Organizations? External Pressure and Bureaucratic Entrepreneurs in the UN Response to AIDS », Governance: An International Journal of Policy, Administration, and Institutions.

Philippe Bezes, Patrick Le Lidec (2011), « Ce que les réformes font aux institutions », in Jacques Lagroye, Michel Offerlé (dir.), *Sociologie de l'institution*, Paris, Belin.

Raymond Ebale (2015), *Comprendre les accords de partenariat économique entre l'UE et les pays ACP*, Paris, L'Harmattan.

Sergejeff, K., Domingo, E. and Jones, A. (2021), *Catching Up With Global Europe: 15 Questions on the EU's New Financial Instrument answered.* Briefing Note 144. Maastricht: ECDPM.

Teevan, C. and Sherriff, A. (2019), *Mission possible? The geopolitical commission and the partnership with Africa.* ECDPM Briefing Note 113. Maastricht: ECDPM.

Thallinger G. (2000), From Apology to Utopia: EU-ACP Economic Partnership Agreements Oscillating between WTO Conformity and Sustainability, in European Foreign Affairs Review 12,200.

Teevan, C., Bilal, S., Domingo, E. and Medinilla, A. (2022), *The Global Gateway: A Recipe for EU Geopolitical Relevance?* ECDPM Discussion Paper 323. Maastricht: ECDPM.

Terrón Cusí, A. (2022), The European way: policy first for the people. OECD.

Vines, A. (2022), *Climbing out of the Chinese debt trap*. Chatham House.

Yuliya Kaspiarovich & Nicolas Levrat (2018), « Le droit international public met-il le fédéralisme coopératif hors-jeu ? Réflexions autour des « accords mixtes » de l'UE », Fédéralisme, Régionalisme, Volume 18.

LISTE DES ABRÉVIATIONS

ACP : Afrique, Caraïbes, Pacifique

AGOA : Africa Growth Opportunity Act

APE : Accord de Partenariat économique

APP : Assemblée parlementaire paritaire

ASEAN : Association des Nations de l'Asie du Sud-Est

BRICS : Brésil, Russie, Inde, Chine et Afrique du Sud

CARICOM : Communauté caribéenne

CARIFORUM : Forum caribéen des États de l'Afrique, des Caraïbes et du Pacifique

CEDEAO : Communauté économique des États de l'Afrique de l'Ouest

CEE : Communauté économique européenne

CEEAC : Communauté économique des États d'Afrique centrale

CER : Communauté économique régionale

CFP : Cadre financier pluriannuel

CNUCED : Conférence des Nations Unies sur le Commerce et le Développement

COMESSA: Common Market for Eastern and Southern Africa

CPI : Cour pénale internationale

CSSF : Commission de Surveillance du Secteur financier

EEAS : Service européen pour l'Action extérieure

ETN : Équipe technique de Négociation

GCN : Groupe central de Négociation

IGAD : Intergovernmental Authority on Development

IVCDCI : Instrument de Voisinage, de Coopération au Développement et de Coopération internationale

JAES : Joint Africa-EU Strategy

Mercosur : Espace de libre circulation des biens et des services en Amérique latine

NDICI: Neighborhood, Development and International Cooperation Instrument

NEPAD : Nouveau Partenariat pour le Développement de l'Afrique

ODD : Objectifs de Développement durable

OEACP : Organisation des États d'Afrique, des Caraïbes et du Pacifique

OMC : Organisation mondiale du Commerce

OMD : Objectifs du Millénaire pour le Développement

ONG : Organisation non gouvernementale

OUA : Organisation de l'Unité africaine

PDSL : Pays en Développement sans Littoral

PIDA : Programme de Développement des Infrastructures en Afrique

PIED : Petits États insulaires en Développement

PIR : Programme indicatif régional

PMA : Pays les moins avancés

PMD : Pays moins développé

PRI : Pays à Revenu intermédiaire

PTOM : Pays et Territoires d'outre-mer

RSA : République sud-africaine

RUP : Régions ultrapériphériques

SADEC : Communauté de Développement d'Afrique australe

SGP : Système généralisé des Préférences

STABEX : Fonds de Stabilisation des Recettes d'Exportation sur les Produits agricoles

TFUE : Traité sur le Fonctionnement de l'Union européenne

TIC : Technologies de l'Information et de la Communication

TSA : Tout sauf les armes

TSD : Trade and Sustainable Development

TUE : Traité sur l'Union européenne

UA : Union africaine

UE : Union européenne

ZLECAF : Zone de Libre-Échange continentale africaine

TABLE DES MATIÈRES

Structures éditoriales du groupe L'Harmattan

L'Harmattan Italie
Via degli Artisti, 15
10124 Torino
harmattan.italia@gmail.com

L'Harmattan Hongrie
Kossuth l. u. 14-16.
1053 Budapest
harmattan@harmattan.hu

L'Harmattan Sénégal
10 VDN en face Mermoz
BP 45034 Dakar-Fann
senharmattan@gmail.com

L'Harmattan Cameroun
TSINGA/FECAFOOT
BP 11486 Yaoundé
inkoukam@gmail.com

L'Harmattan Burkina Faso
Achille Somé – tengnule@hotmail.fr

L'Harmattan Guinée
Almamya, rue KA 028 OKB Agency
BP 3470 Conakry
harmattanguinee@yahoo.fr

L'Harmattan RDC
185, avenue Nyangwe
Commune de Lingwala – Kinshasa
matangilamusadila@yahoo.fr

L'Harmattan Congo
219, avenue Nelson Mandela
BP 2874 Brazzaville
harmattan.congo@yahoo.fr

L'Harmattan Mali
ACI 2000 - Immeuble Mgr Jean Marie Cisse
Bureau 10
BP 145 Bamako-Mali
mali@harmattan.fr

L'Harmattan Togo
Djidjole – Lomé
Maison Amela
face EPP BATOME
ddamela@aol.com

L'Harmattan Côte d'Ivoire
Résidence Karl – Cité des Arts
Abidjan-Cocody
03 BP 1588 Abidjan
espace_harmattan.ci@hotmail.fr

Nos librairies en France

Librairie internationale
16, rue des Écoles
75005 Paris
librairie.internationale@harmattan.fr
01 40 46 79 11
www.librairieharmattan.com

Librairie des savoirs
21, rue des Écoles
75005 Paris
librairie.sh@harmattan.fr
01 46 34 13 71
www.librairieharmattansh.com

Librairie Le Lucernaire
53, rue Notre-Dame-des-Champs
75006 Paris
librairie@lucernaire.fr
01 42 22 67 13

www.ingramcontent.com/pod-product-compliance
Lightning Source LLC
LaVergne TN
LVHW010928061026
849535LV00007B/2285